有馬明恵【著】
Arima Akie

内容分析の方法 [第2版]

Content Analysis

ナカニシヤ出版

はしがき

本書のねらい

　本書は実証研究のための方法の1つである「内容分析」の定義，考え方，手続きをわかりやすく説明するものである。「内容分析」は学問分野を超えて広く利用される研究方法であり，今後も多くの興味深い研究がなされることと思われる。しかし，日本において「内容分析」を実習で学ぶことができる大学・学部はどれほどあるだろうか。実験や質問紙調査，フィールド調査について実習を通して学ぶ機会はあっても「内容分析」についてはそれがないということが多いのではないか。本書はそうした日本の大学の実態を考慮し，独学で「内容分析」のノウハウのみならず，研究者が提示してきた「内容分析」の定義や方法論に対する考え方についても学ぶことができるような内容となっている。学部の卒業論文あるいは大学院で初めて「内容分析」によって研究を行おうとしている方たちに活用してもらいたい。

　本書ではいわゆる方法論としてデータの分析方法のみならず，結果と考察の書き方についてもページを割いている。「内容分析」の結果は膨大で冗長なものになりやすいというのが筆者の率直な感想である。結果や考察の書き方については，内容分析による先行研究のみならず，その他の研究方法によるものから学べることも多いと思うが，「内容分析」の研究結果を論理的かつより魅力的・立体的に執筆し，意味のある考察を書くことができるようポイントを整理したので参考にしてほしい。

　また，本書で取り上げる内容分析は，コーディング作業を人間が行う伝統的なタイプの「コーディング・シートによる内容分析」と「テキストマイニング」と呼ばれる文字情報となっているデータ（テキストデータ）の分析をソフ

トウェアですべて行う「計量テキスト分析」である。現在の，そして今後の内容分析研究には，これら2つの方法を併用するハイブリッドな研究が求められるだろう。それぞれの方法で「できること，できないこと」「長所と短所」を本書に書かれていることから把握し，より多くの研究が行われることを期待したい。

本書の構成

　以上の目的から，本書は初版を大幅に改訂した三部構成とした。第Ⅰ部では「内容分析」の方法論に関する解説，第Ⅱ部と第Ⅲ部ではコーディング・シートによる内容分析と計量テキスト分析による内容分析の手続きをそれぞれ解説している。付録として「理論・モデルの紹介」と「内容分析が行われた卒業論文」を掲載した。第Ⅲ部に書かれていることは初版にはなかった内容であり，コーディング・シートによる内容分析と計量テキスト分析による内容分析の違いについては本書の随所で触れている。また，第Ⅱ部と第Ⅲ部では文章で説明した後にポイントをまとめたコーナーを設け，わかりやすさを追求した。以下，各章の内容を簡潔に述べる。

　まず，第Ⅰ部「内容分析研究のすすめ」の第1章の「内容分析からわかること」には，内容分析の定義など内容分析について知っておくべきことを整理した。具体的には，内容分析がコミュニケーション研究において重要な実証研究であること，内容分析は質的な研究であるのか量的な研究であるのか，内容分析の課題と対象は何か，内容分析の目的，内容分析から明らかにできることとできないことを説明した。この章を読むことで，内容分析の方法論としての考え方や意義を把握することができるだろう。続く第2章「問題設定」では，内容分析による研究に着手する前に行うべきこととして，問題意識の明確化や研究課題・仮説の設定について述べた。これらは内容分析に限らず多くの研究に必要な研究プロセスである。

　第Ⅱ部「コーディング・シートによる内容分析研究」は，第3章～第5章で構成されており，第3章「コーディング・シートによる内容分析の手続き」においては，研究計画の立案で行うべきこと，実査の手続きをどのように進めるべきか，その後のデータ入力までを解説している。続く第4章「コーディング・

シートによる内容分析のデータ分析事例」では，コーディング・シートを用いた内容分析で頻繁に使用される度数・割合の記述統計，χ^2 検定をはじめ，クラスタ分析，統計分析によらない分析の事例を紹介し，どのような分析が可能で，どのようなことがわかるかを説明した。第5章「コーディング・シートによる内容分析の結果と考察のまとめ方」では，冗長となりがちなコーディング・シートによる内容分析の結果のまとめ方についてヒントを5つ挙げ説明している。さらに，考察については，考察とは何かという解説に始まり，書くべきことについて1つひとつ説明している。

　第Ⅲ部「KH Coder による内容分析研究」は第6章と第7章の2つの章からなり，第6章「KH Coder による内容分析の手続き」では，まず計量テキスト分析の目的を解説し，コーディング・シートによる内容分析との違いを確認し，さらに計量テキスト分析の中でも KH Coder による分析を筆者が勧める理由について述べている。続けて KH Coder による内容分析の手続きについて研究計画の立案から KH Coder による主な分析とその手続きと結果の読み取りまでを解説している。第7章「KH Coder による内容分析の結果のまとめ方」では，4つのヒントを挙げ，より魅力的でわかりやすい結果が提示できるよう説明した。なお，考察の書き方は，コーディング・シートによる研究と同様であるので省略した。最後に KH Coder を開発した樋口氏がソフトウェアの利用者に求めていることを記載している。

　初版と同様，今回も付録を2つ設けている。付録1は「理論・モデル紹介」であり，初版に掲載していたものにいくつか新しいものを追加した。また，昨今のメディアの発達に鑑み，マス・コミュニケーションの理論・モデル以外のものも加えた。付録1での紹介は概要にとどまるため，事典や書籍，レビュー論文に当たり見識を深め，研究のヒントとしてほしい。また，筆者が読むべきと考える書籍や論文を掲載したので活用してほしい。

　付録2「内容分析が使われた卒業論文」は，筆者の学部ゼミ生が取り組んだ内容分析研究のリストである。数においては，内容分析による研究以外の卒業論文の方が内容分析によるものよりも勝ることは否めない。また，どの研究方法によるものが優れているということはないが，リストをご覧いただければ，非常に多様なテーマを内容分析によって研究できることに気づいていただける

のではないか。今後もこのリストに多くの内容分析による研究が加わることであろう。また，付録2にあるような内容分析の研究を指導したことが，初版に執筆した内容の取捨選択と，初版になかった内容の追加を可能にした。

　本書は内容分析のすべてを網羅しているわけではないが，卒業研究や修士論文で初めて内容分析で研究を行う際の一助となれば幸いである。

目　　次

第Ⅲ部　KH Coder による内容分析研究

第Ⅰ部
内容分析研究のすすめ

第 1 章

内容分析からわかること

　本書が内容分析の対象として想定しているのは，新聞，雑誌，テレビなどのいわゆるマスメディアからオーディエンスにもたらされる情報に加え，Twitter などの SNS でやりとりされるメディアで流通する情報である。この章では，内容分析の特徴，内容分析研究の変遷，内容分析研究により明らかにできることとできないことを理解する。

　培養理論で有名なガーブナー（G. Gerbner）らは 1986 年に発表した研究論文の中で，マスメディアからもたらされる情報は日常生活の一部となっている（Gerbner, Gross, Morgan, & Signorielli, 1986）と述べた。インターネットが身近な存在となり，新聞購読者数の減少やテレビ視聴率の低下が指摘される今日においては，人々の情報行動は多様化しているが，様々な媒体から発信される情報量は非常に多く，私たちはそうした情報を 1 つずつ丁寧に処理することはできない。私たちは，自分が選択して接触した情報でさえ，意識的に要約し解釈したうえで記憶する。内容分析は，このような私たちの認知的処理過程に似た作業といえる。内容分析には，メディアに流通する膨大な量の情報を整理し，わかりやすく要約し，それら要約された結果について解釈するという側面があるからである。とはいえ，内容分析は私たちが日常的に行っている情報の要約や解釈とは異なる。どのような点が異なるかを次に説明しよう。

1.1　内容分析はコミュニケーション研究において重要な実証研究である

　——「ある人物 A が」「あることについて」「あるメディアで」「人物 B に」伝

える―

　このようなコミュニケーション過程で重要な要素は何であろうか。それは「あることについて」,すなわち内容（コンテンツ[1]）ではないだろうか。内容は,送り手が個人であれば,個人の心理的状態や個人が置かれた状況,また送り手が報道機関などの組織である場合はジャーナリストの価値観や職業文化,その社会の制度や文化などの先行条件の影響を受けた産物であり,オーディエンスに効果をもたらす重要な存在であると考えられている。このような考え方をリフら（Riffe, Racy, & Fico, 2014 ＝ 日野・千葉・永井,2018）はコンテンツ中心モデルと呼ぶ。そうした観点からの研究として培養理論で有名なガーブナーら（Gerbner et al., 1986）の文化指標プロジェクト,アイエンガー（Iyengar, 1990）やエントマン（Entman, 1993）が代表的なフレーミング研究,マッコームズとショー（McCombs & Shaw, 1972）の議題設定機能,説得的コミュニケーション研究でメディアの内容に着目したものなどがある。そうした研究では内容が記述され,どのような場合に人々の態度が変容するかなどが研究され,コミュニケーションの効果に焦点が当てられる。

　その一方で,内容を記述するだけの研究もある。そのような研究は現実世界とメディアの世界における描写の比較を主たる目的とし,リアリティ・チェックを行う。両者の差異を明らかにすることで,メディアにおける偏った描き方や誤った描写が明らかになることが多い。したがって,内容を記述するだけの研究にも一定の価値があるといえる。

　こうしたコミュニケーション過程における「内容」を研究するものが,「内容分析」であり,マス・コミュニケーション研究における代表的な実証研究の方法の１つである。内容分析については夥しい数の定義があるが,ここでは代表的なものを紹介しキーワードを確認する。

　　　内容分析は,マス・コミュニケーションの明示的内容の客観的,体系的および量的記述のための調査技術である（Berelson, 1954）。

　　　内容分析とは,客観的かつ体系的に,明示的なメッセージの個々の特徴を明ら

1　日野・千葉・永井（2018）によるリフら（Riffe et al., 2014）の訳書である『内容分析の進め方――メディア・メッセージを読み解く』では,コンテンツと記されているが,本書では内容分析の書ということを重視し「内容」という文言を使用する。

かにすることにより，いくつかの推論を行う技術である（Holsti, 1969）。

内容分析は，変数を測定するための体系的，客観的，量的な手順でコミュニケーションを研究し分析するための手法である（Kerlinger, 1973）。

データをもとにそこから（それが組み込まれた）文脈に関して再現可能でかつ妥当な推論をおこなうためのひとつの調査技法である（Krippendorff, 1980）。

内容分析は，コミュニケーション・メッセージの諸特性を体系的・客観的にとらえるための，主として数量的な処理を伴う手続きである（鈴木, 1990）。

テキストから妥当な推論を行うために一連の手順を使用する研究手法である（Weber, 1990）。

私たちが定式化されていないやり方ではあるが頻繁に行っていること，つまり内容の観察から結論を導くということを，定式化されたやり方で行うためのシステムである（Stempel, 2003）。

ルールに従いコミュニケーションの内容をカテゴリへ体系的に分類し，そして，統計的な手法を用いてこれらのカテゴリの関係を分析する研究手法である（Riffe et al., 2014）。

　以上の定義に多くみられるのは「体系的」「客観的」「量的」であることがわかる。しかし，内容分析の定義にはあいまいな部分もある。それは，研究対象となるコミュニケーションのタイプ，内容のタイプ，内容分析から導かれる推論のタイプなどが明確に定義されていないことである。その理由は，内容分析がありとあらゆるコミュニケーションを研究対象とすることにあるのではないか。

　また，ベレルソン（Berelson, 1952, 1954）とリフら（Riffe et al., 2014）は，内容分析に必要な条件として次の 4 つを指摘している。

　　①明示的な内容のみが分析対象となりうる。つまり，内容分析では，表明されたコミュニケーション内容のみを扱い，原則として隠れた意図や内容が引き起こす可能性がある反応は直接問題としない。

　　②分析が客観的であること。つまり，分析に用いるカテゴリは，同じ内容に適用されるならば，別の分析者であっても同じ結果が得られるように定義されなければならないのである。

　　③分析が体系的であること。研究者の仮説に都合のよい部分だけを取り出すこ

とはしてはいけないし，研究課題や仮説にとって意味のあるデータが得られるよう分析を計画すべきである。

④結果が<u>数量的</u>に把握できること。この性格が内容分析の最も際立った特質である。

　また，内容分析は応用的な問題や実践的な問題にも使われ，必ずしも一般化を目指すものではないことを前提として，リフら（Riffe et al., 2014）は内容分析の重要な5つの要素を挙げている。

①体系的であること。研究計画のレベルにおいて，何を研究の焦点とするか，着目する概念，正確に測定するためのルールが事前に設定されていること。

②再現可能性。個々の研究者の視点や信念が研究結果に影響しないこと。他の研究者がどのように研究がなされたかを正確に理解しそれを再現し，結果も同様に再現できること。

③コミュニケーションのシンボル。内容分析の対象（コミュニケーション・シンボル）は文字，音声，イメージなど多様であり，個人・文化によって異なる意味を持つ。シンボルのために分析すべき単位（CM なのか CM の登場人物なのか，新聞記事なのか新聞記事のタイトルなのかなど），すなわち内容の定義を明確にすべき。

④妥当な測定ルールに基づく数値やカテゴリの割り当てと，それらの関係性が関する統計的分析。まず，コーディング・マニュアルで信頼性（他の人が行っても同じ分類となる）が担保されるべきで，それらを数値に置き換えて他の特性との関係を見ることを可能にすべき。

⑤記述と推論：新メディアの黎明期に内容の割合などを明らかにすること，予期せぬ出来事についての報道内容を明らかにすること，低俗な内容・偏った内容に対する批判が目的である場合には，内容の記述が重要な意味を持つ。さらに記述的なデータはその生産と消費の文脈を推論することを可能にする。例えば，なぜステレオタイプ的な女性描写がなされるのか，なぜあるツイートは爆発的にリツイートされたのかについて推論できるようになる。

　以上の内容分析の条件や要素からいえるのは，鈴木（1990）が指摘するように，内容分析はコミュニケーション研究において「恣意的・直接的方法ではなく，科学的手続きに基づいた一連の作業によって構成されるもの」であり，独断と偏見に基づく推測や独りよがりな解釈，こじつけではないということである。また，内容分析は，マス・コミュニケーション研究のみならず，心理学，

社会学，歴史学，政治学など様々な学問領域で用いられる研究手法であり，研究目的も多様で未知の可能性を秘めた研究手法である。しかも，内容分析は実証研究に相応しい手続きを踏んで行う立派な実証研究である。

1.2　内容分析は質的な分析か，量的な分析か[2]

　内容分析は"質的な分析である"という指摘がよくある。たしかに内容分析が対象とする情報は質的なものとみなせるかもしれない。例えば，ニュース番組でキャスターの発話内容が研究対象となる場合を考えてみればわかるだろう。しかし，そうした質的な情報を数量化して処理するのであれば，それは質的分析ではなく量的分析である。

　研究対象が持つ"質"を重視するのか，それとも質を量に変換して研究をするかは研究者自身が決めなければならない。量的分析では明らかにできない真実やその解釈があると判断すれば，研究対象の持つ質を重視することになる。そうではなく，分析対象とする情報を量化するのであれば，それにより失われる情報はないとの判断があるか，量化することに意味があると研究者が判断しなければならならない。コーディング・シートを用いてカテゴリカルなデータに変換する内容分析では，以上の点に気をつけなければならない。一方，計量テキスト分析は文字データの特徴を数量的に把握し，それらと周辺情報との関係についても数量的に把握することを目指すものである。

　内容分析において扱うデータの性質に対する賛否は分かれるが，内容分析が行われるようになった初期の段階[3]では，"量化"すなわち量的な分析を行うべきであると主張されていたし，近年注目されている計量テキスト分析においても同様である。例えば，ラスウェルら（Lasswell, Leites, Fadner, Goldsen, Grey, Janis, Kaplan, Mintz, Pool, Yakobson, & Kaplan, 1949）は内容分析を科学的・客観的手法へ彫琢するために，内容分析の「量化」を主張した（藤田, 1992）。また，既に紹介したようにベレルソン（Berelson, 1952, 1954）は「内

---

[2]　内容分析における「量化」の問題は，藤田（1992）にその経緯と批判が詳しく論じられている。
[3]　内容分析は，第一次・第二次世界大戦期に，アメリカで行われた戦時プロパガンダ研究を発端としている（e.g., クリッペンドルフ, 1980；橋元, 1998；日吉, 2004）。

容分析は，コミュニケーションの明示的内容の客観的，体系的かつ数量的記述のための調査技法である」（強調は筆者）と定義し，内容分析における量化を前提としている。つまり，「量化」は研究の科学性や客観性を保証すると考えられていたのである。一方，「質的」な分析を行うことは，非科学的であるとみなされていたのである。

　しかし，ジョージ（George, 1959）は，彼が第二次世界大戦中に従事した米連邦通信委員会（FCC, American Federal Communications Commission）の外国放送情報部のプロパガンダ分析の分析過程における方法論的展開をたどり，頻度（量化）研究の弱点を指摘した。プロパガンダ研究においては，単語の頻度よりも個々の言明の構造や宣伝活動の意図を推測すること，すなわち「質的」な分析が重要なのである。したがって，安易に「量的」研究であれば客観的・科学的であると決めつけることは避けるべきであろう。自分の研究には「量的」研究と「質的」研究のどちらが適しているかを研究者は十分に吟味すべきである。

1.3　内容分析の課題と対象

　内容分析の課題と対象となりうるのはどのような情報であろうか。ここでいう "課題" とは "研究テーマ" や "リサーチ・クエスチョン" のことであり，"何を明らかにするのか" ということを意味する。一方，対象とは研究テーマのもとで分析（研究）の対象となる素材を指す。

　素材には，新聞記事，雑誌や漫画本，テレビやインターネット，ラジオで放送された番組やコマーシャル，Twitter の書き込みなどがある。ただし，それらの素材は発信されている最中に録画する，発信後にどこかに残されているものであればコピーし収集しなければならない。また，素材が即内容分析の対象となるとは限らない。多くの場合は，研究テーマのもとで素材を収集し，その中から研究対象となるサンプルを抽出することが多い。例えば，テレビドラマにおける女性の職業描写を明らかにしたいとしよう。期間を定めて様々なジャンルのドラマを録画することで素材集めを行うが，録画したドラマがすべて研究対象となるとは限らない。なぜなら，ドラマそのものを研究対象としている

わけではなく，研究対象はあくまでも女性の職業描写であるからだ。男性の職業描写は研究対象とはならず，女性の職業描写のないドラマには研究対象は含まれないことになる。

　内容分析の課題について，ベレルソン（Berelson, 1954）は 17 項目の用途に区別した（表 1-1 参照）。区分するかしないかは別として，メディアにおけるありとあらゆる情報を研究対象とすれば，バラエティに富む研究を行うことができるに違いない[4]。ニュースであれば，テレビのニュース番組だけではなく，新聞，オンラインニュースも研究対象となる。ニュースとして取り上げられやすいジャンルは何か，それはメディア特性と関連があるか，フレーム理論などを援用しどのような伝え方をしているか，を調べることができる。あるいは犯罪の加害者や被害者についてジェンダーの視点から研究することもできる。セ

表 1-1　ベレルソン（1954）が示した内容分析の用途

1．コミュニケーション内容の特性に関するもの
①コミュニケーション内容の時代変化を記述する
②学問の発展をたどる
③コミュニケーション内容の国際比較を行う
④複数メディア間の比較を行う
⑤コミュニケーション内容の目標達成度を評価する
⑥コミュニケーションが基準を満たしているか評価する
⑦調査の一環として自由回答などを整理する
⑧プロパガンダ・テクニックを暴露する
⑨“読みやすさ”“聞きやすさ”を測定する
⑩文体的特徴から作者を推定する
2．コミュニケーション内容の原因に関するもの
⑪送り手の意図，特性を明らかにする
⑫精神分析的観点から個人と集団の心理状態を測定する
⑬プロパガンダの存在をつきとめる
⑭政治的・軍事的情報を得る
⑮時代精神・文化的価値を明らかにする
3．コミュニケーション内容の効果に関するもの
⑯受け手の関心事を明らかにする
⑰受け手の態度・行動への影響を推測する

4　付録 2 に筆者の学部ゼミ生が卒業研究として行った内容分析の研究が研究対象のジャンル別に示されている。

クハラ事件の取り上げられ方の時代変遷や社会の出来事との関連を調べることも可能である。テレビ番組におけるアナウンサーの役割について詳細に検討することも可能であろう。

　その他にも，テレビコマーシャル，テレビドラマ，バラエティ番組，教科書，絵本，小説，ホームページ，インスタグラム，Twitter など研究対象となりうる情報が含まれるメディアと情報ジャンルは多い。

　ここで内容分析の対象となりうる情報をクリッペンドルフ（Krippendorff, 1980＝三上・椎野・橋元, 1989）やリフら（Riffe et al., 2014）の区分を参考に，整理しておこう。内容分析の研究対象となりうる情報は抽出（サンプリング）単位，記録単位，文脈単位で捉えることができる（表 1-2）。抽出単位はテレビのドラマや CM，新聞記事，ネット記事，文学作品，歌などである。それらはすべて独立した 1 つの作品や番組あるいは記事として私たちが通常認識しているものである。

　記録単位は，抽出単位に含まれる要素といえばわかりやすいかもしれない。ドラマや CM の登場人物，CM ソング，新聞記事のタイトルなどがこれに当たる。ドラマや CM の登場人物は，それらの構成要素であり，かつ独立して分析することも可能である。

　最後の文脈単位とは，記録単位の特徴として考慮すべき素材を指す。例えば，CM の登場人物のセリフに含まれる訴求内容，バラエティ番組の芸人の言動に

表 1-2　内容分析の研究対象における単位

内容分析の対象	定義	例
抽出（サンプリング）単位	互いに独立とみなせる部分	・1 つひとつの新聞記事 ・テレビ CM の各作品 ・テレビドラマ ・文学作品
記録単位	1 つの抽出単位の中で別々に分析可能な部分	・テレビドラマの登場人物 ・テレビ CM の登場人物 ・CM ソング
文脈単位	記録単位を特徴づけるために考慮すべきシンボル素材	・テレビ CM の訴求内容 ・CM ソングの言語 ・お笑い芸人の言動にみられる性差別的表現

含まれる性差別的な表現などである。要するに，抽出単位の中に記録単位が，記録単位の中に文脈単位が含まれている可能性が高いのである。

1.4　内容分析は何のために行うのか

"労力がかかる割には成果がイマイチ"というのが，多くの研究者が抱いている内容分析という研究方法に対する率直な評価であろう。確かに手間がかかる。内容分析は，まずテレビ番組を録画する，新聞記事をデータ化するなどの情報収集から始まる。この時点で弱音を吐きたくなることもある。次に収集した情報をなんとか圧縮しようとするわけだが，膨大な情報を前に"できれば内容分析はもうしたくない"などと思うこともある。

　そんなつらい思いをする内容分析は何のために行うのであろうか。いや内容分析により何がわかるのだろうか。内容分析により，「何が・どのように記述・表現・伝えられているのか」が明らかになることに異論がある人はいないだろう。さらに内容分析からは，ベレルソン（Berelson, 1954）の内容分析の用途（表1-1）にも示されているように，「送り手の意図」「オーディエンスの心理状況」「コミュニケーション効果」などが分析されることも多い（橋元, 1998）。

　コミュニケーション内容と「送り手」「オーディエンス」「コミュニケーション効果」が密接な関係にあることは，コミュニケーションが「送り手⇒コミュニケーション内容⇒オーディエンス（への効果・影響）」という過程を経ることから，また，近年ではインターネットの発達によりオーディエンスと送り手の立場が逆転することもしばしばであることからも，容易に理解できる。また，送り手とオーディエンスの立場が逆転することなく固定されている場合であっても，オーディエンスが送り手に影響を及ぼす相互循環過程の可能性も指摘されてきた（国広, 2001; Arima, 2011）。しかし，内容分析により送り手からオーディエンスに伝達されるコミュニケーション内容を明らかにすることは多くの場合，送り手の意図やオーディエンスへの影響ならびに効果（コミュニケーション効果）を明らかにすることと同義ではない。内容分析の結果から，送り手やオーディエンスについていえることはあくまでも"推論"にすぎないことが多い。無論，送り手の意図が吐露された文書や音声データ，オーディエンス

のメディア接触後の独白などを内容分析の対象とし，テキスト分析する場合は
この限りではない。

　送り手やオーディエンスに関して確固たる事実を明らかにしたいのであれ
ば，別途送り手やオーディエンスに関する実証研究を行うべきである。三上
(1988) は，この点について，「送り手」「オーディエンス」「効果」について推
論する場合には，社会調査，実験その他の実証データを補完する形で利用する
ことが望ましいと述べている。また，三上は，内容分析を仮説検証的に用いる
場合には，送り手のメディア・フレーム（送り手が制作過程で受ける組織的，
環境的な制約や，認知的・イデオロギー的特性など）ないしオーディエンスの
認知フレーム（オーディエンスの知識，関心度，メディアへの依存度，情報処
理能力，価値観やイデオロギーなど）についての仮説を立て，内容分析によっ
て検証するという方法が有効であると述べている。あるいは，内容分析によっ
て明らかにされたメディア内容の実態とオーディエンスの認知的反応に関する
データを比較することによって，送り手のメディア・フレームやオーディエン
スの認知フレームを推測するという方法を提唱している。

　以上から導き出される教訓とは，研究者は内容分析という研究方法を安易に
採用する前に，内容分析で“明らかにできること”と“明らかにできないこと”
を十分認識したうえで，研究計画を立てるべきということである。

1.5　内容分析からわかること，わからないこと

　大まかに述べると，明示的なものは明らかにできるが潜在的なものについて
は明らかにできない。明示的なものとは，数量化することで頻度，多さ，他の
変数との関係性，生起する文脈を明らかにできるものを指す。例えば，バラエ
ティ番組の MC の性別（女性 = 1，男性 = 2，不明 =3），ドラマに登場する働
く女性の服装（パンツスーツ = 1，ワンピース =2，カジュアル =3，作業着 =
4 など），選挙期間中の新聞記事のタイトルに現れる政党名（出現回数をカウ
ント），新聞記事の大きさ，など数量化できるものは多い。この特徴をうまく
利用したものが，近年研究数も伸びてきている計量テキスト分析といえよう。

　一方，潜在的なものとしては，テレビニュースなどのコンテンツの作り手の

意図，オーディエンスへの影響，コンテンツが意味するところなどがある。こ
れらについては，一般的に推論することはできるが絶対的に正しい答えを導く
ことはできないと考えるべきである。ただし，学問分野によっては潜在的なも
のについての解釈が評価される場合もある。

第 2 章

内容分析をするための準備

　第1章で述べたように，内容分析は実証研究である。したがって，内容分析をする際には正しい研究手順を踏まなければならない。そうでなければ，研究結果といっても主観的な論評の域を出ない。場合によっては，いったい何を調べたのかさっぱりわからない……といったことになりかねない。そのようなことにならないように，内容分析を行う前にすべき「準備」についてこの章では紹介する。

　内容分析の手順は，質問紙調査・Web 調査，実験といった他の実証研究の方法と基本的に同様で，コーディング・シートを用いてカテゴリカルなデータとして分析する場合は図 2-1 に，計量テキスト分析を行う場合は図 2-2 に示されているような準備段階を経ることで研究実施へ漕ぎ着けることができる。この章では 2 つの方法に共通する，「問題設定」について説明する。なお，「研究計画の立案」については，コーディング・シートを用いる内容分析と計量テキスト分析で異なる点が多いことから，それぞれ第 3 章と第 6 章で詳細に説明することとする。また，図 2-1 で実査についても示したのは，コーディング・シートによる内容分析では実査で行うべきプロセスが多いからである。

2.1　問題設定

　図 2-1 と図 2-2 からわかるように，コーディング・シートを用いる内容分析も計量テキスト分析も研究の出発点である「問題設定」は同じである。「問題設定」は研究の出発点であり，「問いの概念化」を行う段階である。具体的には，どのような変数に焦点を当てるか，どのような仮説を立てるか，また仮説の根

問題設定
1. 研究目的と問題意識の明確化
2. 先行研究のレビュー
3. 学問的意義（理論や概念など）の検討
4. 社会的意義（社会問題との関連など）の検討
5. リサーチ・クエスチョン／仮説の構築

研究計画の立案
1. 研究（分析）対象の決定
2. サンプル抽出方法の決定
3. 内容分析の方法の確立
　① 分析単位の決定
　② 分析単位の一覧表作成
　③ 変数とカテゴリの定義
　④ コーディング・シートとコーディング・マニュアルの作成
　⑤ コーダー（分析作業従事者）の訓練
　⑥ 信頼性の確認
　⑦ 作業スケジュールの作成

実査
1. 研究目的、研究対象・分析単位の確認
2. コーダーへの委託
3. コーディング状況の確認
4. 作業の終了

図 2-1　コーディング・シートによる内容分析の準備から実査まで

問題設定
1. 研究目的と問題意識の明確化
2. 先行研究のレビュー
3. 学問的意義（理論や概念など）の検討
4. 社会的意義（社会問題との関連など）の検討
5. リサーチ・クエスチョン／仮説の構築

研究計画の立案
1. 研究対象の選定と入手方法の確認
2. データ（プロジェクト）の準備
3. 分析計画と研究スケジュールの作成

図 2-2　KH Coder による内容分析の準備

拠を明確に示し，どのような因果モデルを推定できるかを考え文章化するのである。「問題設定」はその後の全研究プロセスに影響し，研究の成否を左右する大事な部分であるので，許される範囲ではあるが焦らずに時間をかけることが望ましい。ここでは，どのように問題を設定すればよいかについて，検討すべき点を示す。

研究目的と問題意識を明確にする

　これから行う研究でどのような問いに答えたいのか，つまり何をどこまで明らかにするのかを明瞭にするのである。また，内容分析に特徴的なこととしては，コミュニケーション内容を記述すること自体が目的なのか，そこから推論を行うのか，変数間の関係を検討するのか，因果関係を立証したいのかも決めるべきである。そうしたことを決めたら，何を研究対象／単位とすべきかを考える。

　さらに，なぜそれ（研究目的）を明らかにすべきなのかという研究の意義や問題の背景についても明確にしておくべきである。

先行研究のレビュー

　研究目的と問題意識を明確にすることは実は容易ではない。筆者自身はじめ筆者のゼミ生も半年以上にわたり「あーでもない，こーでもない」と思い悩むことが多い。どんなに考えても答えが見つからず，研究のテーマを変えようか迷ったりすることもあるだろう。そのような状態から抜け出すためにまずすべきことは，先行研究を調べることである。自分が関心のあることについて先行研究がないか CiNii Articles などで論文を検索し読んでみるとよい。たとえ自分の関心事にぴたりと合致する先行研究がないとしても，関連すると思われる先行研究には目を通そう。そうすることによって，自分の関心事について明らかになっていることと明らかになっていないことが明白になる。同時に，自分が計画することになる内容分析に関する手続きを学ぶことができる。

社会問題にも目を向ける

　マスメディアや SNS などの今日的なメディアに流通する情報の内容分析を

計画する際に，先行研究のレビューと共にしておかなければならないことが2つある。1つは，自分が調べようとしていることは社会の問題とどのような関係にあるかを吟味することである。そうした情報は社会の生き物であるため，否が応でも社会との接点を考慮し社会的意義のある研究を行う必要があるからである。ただなんとなくおもしろそうだからやってみたというのではなく，社会的意義についても検討したうえで研究することで，研究にも深みや味わい深さが生まれるのではないか。

学問的意義を検討する

　自分が取り組もうとしている研究の社会的意義と同時に，いやそれ以上に検討しておかなければならないのが，学問的意義，すなわち学問との接点を探すことである。先行研究のレビューを行ったことで，あなたの研究の学問的な検討が十分に行われたと考えてはいけない。内容分析をするにあたり，ただやみくもに先行研究を模倣して同じような研究をしても研究に深みはでない。内容分析は莫大な時間と労力を要する研究方法であるからこそ，結果を単なるメディアの内容の薄っぺらな要約（記述）で終わらすわけにはいかない。

　そのようなことに陥らないために，自分が専攻する学問分野の理論やモデル，概念に依拠して研究計画を立てることを試みるべきである[5]。そうした理論やモデル，概念を分析結果の解釈に援用することももちろん必要である。そうすることで，自分が行う内容分析によって，理論・モデルについて新たな視点を提供することが可能になることもあろう。そうなれば，学問の発展に寄与することもできるし，何の研究なのかの位置づけも明確になる。

リサーチ・クエスチョン，仮説の構築

　研究目的をより具体的な形で明示することは，リサーチ・クエスチョン（研究課題）や仮説を構築することである。これから行おうとしている内容分析が探索的なものである場合や，内容分析の結果を踏まえオーディエンスや送り手の調査を計画している場合などは，仮説を立てるのは難しいだろう。そのよう

5　付録1に代表的なメディアの理論・モデルが紹介されている。

な場合には，何を具合的に明らかにしたいのか，あるいはどんな予想が成り立つかを整理しておくと，次のステップである研究計画の立案をスムーズに進めることができる。

　筆者のゼミでは，内容分析で卒論研究を行う場合は，研究課題を設定することが多い。FIFA 2014 時のテレビの報道番組を題材にスポーツ報道のフレームを明らかにすることを目的に研究を行った小嶋さんと齋藤さんは，以下のような研究課題を設定した（小嶋・齋藤, 2016, pp. 7–8）。

> 研究課題 1：今大会における報道量の特徴を明らかにする。
> 　　　　　1-1 各番組における報道量の時系列変化を明確にする。
> 　　　　　1-2 先行研究同様に，今大会のスポーツ報道においても試合内容に関することが多く報じられるのかを検証する。
> 研究課題 2：スポーツ報道全体の特徴を明らかにする。
> 　　　　　2-1 スポーツ報道におけるフレームを導き出し，従来のメディアフレームに当てはまるかどうかを検証する。
> 　　　　　2-2 NHK と民間放送でフレームの採用方法に違いがあるかを明らかにする。
> 　　　　　2-3 放送時期によるフレームの採用方法に違いがあるかを明らかにする。

　また，LGBTs に対する社会の動きや人々の理解がテレビドラマにどのように反映されているかを考察することを目的に卒業論文を執筆した岩崎さんの研究課題は，以下の 7 つである（岩崎, 2021, pp. 8–9）。

> 研究課題 1：LGBTsの身体的性別と性役割描写の一致度の変化を明らかにする。
> 研究課題 2：テレビドラマにおける LGBTs の社会的地位の時代変化の有無を明らかにする。
> 研究課題 3：ドラマの中での LGBTs のセクシュアリティの表現方法やその程度を明らかにする。
> 研究課題 4：ドラマの中での LGBTs の自己開示における範囲の時代変化を明らかにする。
> 研究課題 5：ドラマの中での LGBTs のカミングアウトに対する他の登場人物の反応の変化を明らかにする。
> 研究課題 6：ドラマの中での他の登場人物が LGBTs に対してとる態度を明ら

かにする。

　研究課題 7：テレビドラマにおける LGBTs 描写の位置づけや重要度の変化を
　　　　　　　明らかにする。

　小嶋・齊藤（2016）も岩崎（2021）も具体的な研究課題を設定しており，そ
れらの課題を明らかにするための変数（報道量，放送フレーム；服装，職業，
カミングアウトの範囲など）を設定し研究を行った。

　他方，仮説を立てたうえで内容分析を行っている研究もある。イギリスと日
本のテレビコマーシャルにおける男女の描写（ジェンダー描写）の差異につい
て調べたファーナムら（Furnham & Imadzu, 2002）は，①テレビコマーシャ
ルにおけるジェンダー描写に関する先行研究の結果，②社会とりわけ西洋社会
における女性の役割や地位の変化，③テレビコマーシャルにおけるジェンダー
描写の異文化間比較を行った過去の研究結果，といったレビューを通して，次
の 4 つの仮説を構築した。

　　仮説 1：男性と女性は伝統的な性役割で描写されるであろう。すなわち，コマー
　　　　　　シャルには女性よりも男性が多く，男性は音声モードで女性は視覚モー
　　　　　　ドで提示されることがそれぞれ多いであろう。また，男性は権威的に
　　　　　　描かれ女性は従属的に描かれるであろう。さらに女性は男性よりも家
　　　　　　庭の中で描かれ男性は女性よりも家庭の外で描かれることが多いであ
　　　　　　ろう。

　　仮説 2：音声モードよりも視覚モードにおいてより多くのステレオタイピング
　　　　　　がみられるであろう。また，同じ性同士ではなく男女が一対一でコマー
　　　　　　シャルに描かれるときにステレオタイピングはより強いであろう。

　　仮説 3：日本のテレビコマーシャルには，男性は権威ある人物や音声モードで
　　　　　　より多く登場し，女性は伝統的な日本女性，すなわち家庭において子
　　　　　　供の面倒をみて，男性に従属するといった，強いステレオタイプ像で
　　　　　　描かれているであろう。

　　仮説 4：視覚モードで登場する脇役は音声モードや視覚モードの主人公として
　　　　　　登場する者と比べよりステレオタイプ的な描写をされているだろう。

　これらの仮説は，上記の①〜③，すなわち先行研究のレビューがなければ導
くことはできない。また，仮説 1 と仮説 3 には，“伝統的な性役割”“ステレオ
タイプ”といった表現がみられるが，それらが具体的に指す内容（どのような

男女の描写が伝統的な性役割やステレオタイプに当たるのかといったこと）も先行研究で明らかにされているステレオタイプの内容や現実社会における男女のあり方を踏まえなければ，定義することはできない。ただし，内容分析の性質上，測定する個々の項目について，「女性は男性よりも家庭の場面で登場することが多いであろう」「女性は男性よりもエプロンを着用して登場することが多いであろう」といった仮説を立てることは無意味であることが多い。内容分析における仮説は，それぞれの測定項目に関する結果の予測ではなく，複数の測定項目についての結果から導き出される“結論”の予測と捉えることが妥当であろう。

指導教官や仲間の意見を聞こう

　研究において「問題設定」には力を入れるべきで，見切り発車は避けるべきである。「問題設定」を疎かにすれば，後で苦労することになるからである。「問題設定」がしっかりしている研究は，オリジナリティがあり，学問的意義と社会的意義が認められ，研究計画を遂行するうえで無理のない研究目的や研究課題・仮説が構築されたものである。

　「問題設定」については，文章（あるいはレジュメ形式でも可）にして指導教官やゼミの仲間に披露し意見を聞いてみるとよい。そうすることによって，自分では気づくことのできない問題意識の甘さや社会的意識の欠如を指摘されたり，研究の可能性を広げるような示唆に富んだコメントや質問をもらうことができるだろう。

　「問題設定」は研究のほんの始まりの段階にすぎないため，そのような中途半端なものを他人の目に曝すのは気が引けるかもしれない。また，人によっては時間をかけて研究の着想をあたため，コツコツと先行研究などの下調べをし，まとめ上げた大切なものであり，自分の一部と化していることもあろう。いずれにせよ，指導教官やゼミの仲間があなたの「問題設定」を“すばらしい”と言ってくれることはあまり期待できず，むしろ“○○は調べないのか”“これが足りないのではないか”“ここの意味がよくわからない”などの厳しいコメントをすることだろう。そのような注文に応えることで，あなたの「問題設定」は磨かれていく。めげずに立ち向かおう。

　問題設定ができたら，次は研究計画の立案，すなわち研究実施の準備にとりかかる。研究目的を実現するための作業プロセスを具体化していくのである。研究計画には，①研究（分析）対象の選定，②サンプル抽出方法の決定，③分析方法の確立，④スケジュールの作成などがある。また，コーディング・シートを用いるカテゴリカルな内容分析を行うのか，KH Coder などを用いる計量テキスト分析をするのかにより，研究計画の立案とそれに基づく準備は異なる。どちらの方法がより自分の研究目的にふさわしいものであるかを吟味し研究計画の立案を進めよう。コーディング・シートを用いた内容分析については第Ⅱ部で，KH Coder を用いた内容分析については第Ⅲ部で，それぞれ研究計画の立案から順に説明する。

第 II 部
コーディング・シートによる内容分析研究

第3章

コーディング・シートによる内容分析の手続き

　この章ではコーディング・シートを使用する内容分析の手続きについて，研究計画の立案と実査の観点から説明する。前章で説明した問題設定と共に，研究計画の立案も重要である。研究計画を上手に立案することで実査がスムーズに進むからである。

3.1　研究計画の立案

3.1.1　研究（分析）対象の決定

　まず，研究（分析）対象を決定する。内容分析において「研究（分析）対象」とは，内容分析の対象となる情報を指す。「問題設定」を吟味する過程において，研究対象を何にすべきかについては，ほぼ決まっていると思われる。例えば，"テレビコマーシャルで描かれる女性像"の時代変遷を明らかにすることが研究目的であれば，研究対象は，テレビコマーシャルに登場する女性であることに間違いない。しかし，何年前のものから研究対象とするのか，主人公であるか否かにかかわらずコマーシャルに登場するすべての女性を対象とするのか，商品カテゴリを絞るのか否かなどを研究目的との関連で検討する必要がある。

　また，研究目的との関連ばかりではなく研究対象の入手可能性を吟味すべきである。例えば，研究対象がテレビドラマやテレビコマーシャルである場合，新聞記事よりも入手することは難しい。自分が所属する研究室や大学の施設でそのようなデータベースを使用できる場合を除き，自力で内容分析の研究対象とする番組やCMなどの情報を録画などの方法により収集しなければならない。したがって，内容分析による研究をする可能性がある場合には，研究計画

の立案に先立ち，情報収集を始めておく必要があるかもしれない。筆者が大学院博士課程在学時よりお世話になった萩原滋先生（当時，慶應義塾大学新聞研究所教授）は，常にテレビ番組を自宅で録画整理されていた。『テレビと外国イメージ』（勁草書房より2004年に出版）としてまとめた研究プロジェクトにおいては，先生が長年録画していたTBS系列で放送された『ここがヘンだよ日本人』での外国人や日本人ステレオタイプの描き方に関する内容分析が研究の一部となったが，これは萩原先生が常にいろいろなテレビ番組を録画されていたからこそ実現した。

3.1.2　サンプル抽出方法の決定

　研究対象となる情報の選定ができたら，次に実際に分析対象とするサンプルを抽出する。内容分析におけるサンプルとは，人間を研究協力者とする心理学の実験などの実験協力者や調査の協力者に当たる。また，先に決定した"情報"は，実験・調査での"母集団"に相当する。

　"女性が登場するテレビコマーシャル"が研究対象である場合，それらすべてを実際に分析できればそれにこしたことはない。しかし，そのような悉皆調査を行うことは，研究対象の入手可能性および研究対象の分析に要する時間を考えると，不可能であることが多い。そこで，実際の分析対象となるサンプルを選ぶことになる。

　サンプル抽出のために，①サンプルを抽出する時期・期間，②サンプル数の2つを決定するとよい。1つ目の「サンプルを抽出する時期・期間」は，「問題設定」の段階でおのずと決まっているのではないか。例えば，男女雇用機会均等法施行後のテレビコマーシャルにおける女性描写の変化が研究目的であれば，1986年以降のテレビコマーシャルで女性が登場するものを研究対象とすればよい。ただし，すべてをサンプルとするかは考えなくてはならない。

　サンプル抽出期間が決まったら，研究対象がいくつあるかを概算でもよいので数え，母集団の大きさを把握しよう。先ほどの男女雇用機会均等法施行後の女性が登場するテレビコマーシャルの数，そこに登場する女性の数を数えてみたらどうなるだろうか。途方もない数となることだろう。そうなれば，偏りが生じないようにサンプルを抽出する必要がある。乱数表を用いる，5年おきや

10 年おきとするなどの基準によりサンプルを抽出するとよい。なお，研究対象をどのように収集し，どのようにサンプルの抽出を行ったかについては，正確に記録し，後で論文にまとめるときに方法に記載すること。

3.1.3　内容分析の方法の確立

　研究対象の収集ならびにサンプル抽出と並行して行わなければならないのが，コーディング・シートによる内容分析の方法の確立である。これは，実験では「手続き」，質問紙調査や Web 調査では「調査方法」の計画を立てることに当たる。したがって，内容分析の方法を確立するという作業は，研究目的を遂行できるように，あるいは仮説を検討できるように，つまりは手がけている研究が成功するように慎重に行うべきである。

　コーディング・シートによる内容分析の方法の確立には，①分析単位の決定，②分析単位の一覧表作成，③変数とカテゴリの定義，④コーディング・シートとコーディング・マニュアルの作成，⑤コーダー（分析作業従事者）の訓練，⑥信頼性の確認，⑦作業スケジュールの作成がある。以下，1 つずつ説明する。

分析単位の決定

　コーディング・シートによる内容分析の分析単位（研究単位）は，第 1 章（内容分析からわかることの「1.3　内容分析の課題と対象」p. 10）で示した，「抽出（サンプリング）単位」「記録単位」「文脈単位」の 3 つである（表 1-2 も参照 p. 10）。つまり，内容分析の「研究テーマ（課題）」「研究対象」「分析単位」は研究プロセスの一連の流れの中に位置づけられており，それらは三位一体となっているのである。最後の「分析単位」に対して，コーディング・シートによる内容分析では，内容分析の作業，すなわちデータ収集を行うことになる。

　これらの用語を心理学の分野で頻繁に用いられる"実験室実験"や"質問紙調査"で用いられるものに置き換えてみるとわかりやすいかもしれない。まず，実験室実験においては，「研究テーマ」は研究テーマもしくは実験仮説であり，「研究対象」は被験者もしくは実験協力者であり，「分析単位」は実験刺激に対して測定される実験協力者の「反応」である。質問紙調査においても同様で，「研究テーマ」は課題・仮説，「研究対象」は調査協力者，「分析単位」は質問

紙の質問項目に当たる。実験や質問紙調査によって得られる「反応」や「回答」は通常「データ」として処理される。コーディング・シートによる内容分析における「分析単位」も同様で，「分析単位」についてコーディング・シートにチェックすることでデータを収集し処理することとなる。

分析単位の一覧表作成

　分析単位を一覧表にしておけば，後の作業がスムーズに進む。既に述べたように，コーディング・シートによる内容分析の対象となる素材は膨大な量であることが多いため，素材や分析単位になんらかの形で ID を付与し管理することが肝要である。図3-1は，筆者が他の研究者3名と共に行っている「日本ネタ」番組に関する研究で分析対象としたテレビ番組の一覧表である。このように番組を識別できる情報の一覧表を作成しておくことで，どの番組についてのコーディング・シートであるのか，入力されたデータがどの番組のものであるかがわからなくなることを防ぐことができる。

　効率よく研究を進めるためにも，研究対象が収集されたならば，分析単位に関する一覧表を作成しよう。一覧表には，コーディング担当者名を記載する欄など必要と思われる情報を記入する欄を設けるとよい。また，テレビ番組など，場合によっては，研究対象を収集するより前に作成しておくこともできるだろう。このような一覧表があれば，コーディング作業（分析単位に対する分析作業）に要するおおよその時間をあらかじめ算出することもできる。また，コーディング作業時におけるミスを最小限に抑えることができるだろう。コーディング作業時に起こりうるミスには，①同じ分析単位を複数回コード化（分析），②一度もコード化されない分析単位の出現（分析のし忘れ），がある。また，一覧表がない状態では，コーディング作業後に見直しをする際にどの分析単位に関するコーディング・シートであるのかを特定することが難しくなる。以上のような理由から，作成する時間はかかるが，準備段階で一覧表を作成することを強く勧める。

変数とカテゴリの定義

　コーディング・シートによる内容分析では，「分析単位」に対して研究者（お

「日本ネタ番組」ID一覧

ID	番組名	放送局	放送日	放送時間帯	コーダー	コーディング状況	データ入力
010520	Youは何しに日本へ？	テレビ東京	5月20日(月)	19時台			
010527	Youは何しに日本へ？	テレビ東京	5月27日(月)	19時台			
020520	世界！ニッポン行きたい人応援団	テレビ東京	5月20日(月)	20時台			
020527	世界！ニッポン行きたい人応援団	テレビ東京	5月27日(月)	20時台			
040513	新説！所JAPAN	フジテレビ	5月13日(月)	22時台			
040520	新説！所JAPAN	フジテレビ	5月20日(月)	22時台			
060522	アメージパング！	TBSテレビ	5月22日(水)	1時台			
070515	1億人の大質問!?笑ってコラえて！	日本テレビ	5月15日(水)	20時台			
070529	1億人の大質問!?笑ってコラえて！	日本テレビ	5月29日(水)	20時台			
080515	未来世紀ジパング	テレビ東京	5月15日(水)	22時台			
080605	未来世紀ジパング	テレビ東京	6月5日(水)	22時台			
090515	林修のニッポンドリル	フジテレビ	5月15日(水)	20時台			
090612	林修のニッポンドリル	フジテレビ	6月12日(水)	20時台			
100516	二代目和風総本家	テレビ東京	5月16日(木)	21時台			
100620	二代目和風総本家	テレビ東京	6月20日(木)	21時台			
110517	やばいのニッポンのうんたら	テレビ東京	5月17日(金)	22時台			

図 3-1　日本ネタ番組表
出所：有馬・山下・志岐・藤井の共同研究の資料より

よびコーダー）がデータを収集することができるよう，変数とカテゴリを作業に先立ち決める必要がある。ここでいう「変数」と「カテゴリ」はまさに質問紙調査における質問項目と選択肢に当たる。例えば，テレビコマーシャルの"登場人物"という分析単位に対して，"性別"という変数，"男性""女性""不明"というカテゴリを用意するのである。したがって，コーディング・シートによる内容分析では，変数とカテゴリを決定することは分析単位に対してどのようにデータを収集するかを決めることであり，内容分析のコーディング（分析）作業の標準化を図ることでもあり，各変数ならびにカテゴリの定義を行う作業でもある。この作業をいい加減に行うと，後で苦労することになる。1つひとつの変数ならびにカテゴリの定義に曖昧さを残さず，多義的なものは避け，わかりやすく正確な定義を記述すべきである。そうすれば，同一の研究対象で同一の変数およびカテゴリを使用して内容分析を行えば，再現可能性が保証されることになる。

　変数とカテゴリの定義は，研究目的と照らして妥当なものにすべきであり，質問紙調査や実験による研究と同様である。つまり，"何を明らかにするのか"，そのためには"何を測定すべきか"ということと矛盾しない変数・カテゴリを決めなければならないのである。自分の研究にとって"この変数は必要か""カテゴリ（選択肢）は十分か""カテゴリ間に重複はないか"といったことをよく吟味すべきである。

　そうはいってもなかなか難しいという場合は，先行研究をおおいに参考にすればよい。まったく何も参照せずに変数とカテゴリを決める，しかもそれらの定義を正しく行うことは至難の業であろう。したがって，研究テーマや研究仮説を構築するために参照したいくつかの先行研究の助けを借りて，変数・カテゴリの定義を効率よく，かつ正確に行えばよい。

　変数とカテゴリは分析単位の特性からも導かれる（日吉，2004）。また，分析単位は内容分析を行うメッセージの特性によって定義づけられるという。クリッペンドルフ（1980）やリフら（Riffe et al., 2014）は"物理的""シンボル的"という単位によって分析するカテゴリを説明している（表3-1）。物理的カテゴリは紙面の面積，掲載紙面，時間など物理的に観察可能なものを指す。

　一方，シンボル的カテゴリは「統語的カテゴリ」を除き，カテゴリの明確な

定義とそれに基づく研究者あるいはコーダーの判断がなければ測定することができない。「言及的カテゴリ」はあるシンボルについてのカテゴリで，それを指し示す様々な対象を含んだカテゴリである。例えば，テレビ番組において使用される日本人ステレオタイプの出現頻度を調べるのであれば，日本人ステレオタイプの内容をあらかじめ具体的に決めておく必要がある。具体例に当てはまるものを日本人ステレオタイプとして計上するという方法をとらずに，「ステレオタイプと思われるものを抜き出す」という方法をとったのでは，再現可能性は保証されない。

　また，「テーマ的カテゴリ」とは，分析単位を事前の定義によって説明するカテゴリである。テレビドラマの内容を“恋愛ドラマ”“ホームドラマ”“刑事もの”などに分類する場合がこれに当たる。また，テレビコマーシャルの広告商品を“食品”“嗜好品”“医薬品”“化粧品”“家事電化製品”などに分類することも「テーマ的カテゴリ」への分類といえる。

　「命題的カテゴリ」とは，一定の複雑な構造を持つテキストをシンプルなカテゴリに変換して測定を試みるために使われる。具体的にはテレビコマーシャルのナレーションや主人公のセリフをその訴求内容から“機能解説”“使用した感想”“商品名連呼”などに分類することがこれに当たる。

　繰り返しになるが，この段階で最も重要なのは“変数”と“カテゴリ”を正確に定義することである。これらの定義を間違いなく行い，コーディング・マニュアル（後述）に明記しておくことにつきる。この段階は，質問紙調査であ

表 3-1　内容分析で用いられるカテゴリの種類

カテゴリの定義		具体例
物理的	スペース	紙面の面積
	時間	コマーシャルの放送時間帯
	その他	
シンボル的	統語的	コマーシャルの中で商品名が何回出てきたか 新聞記事に“少子化”が何回出てきたか
	言及的	日本人ステレオタイプを示唆する表現（働きすぎなど）
	テーマ的	コマーシャルで使用されているロケーションの分類 ドラマの種類
	命題的	選挙演説の争点 コマーシャルの訴求ポイントの推測

れば質問紙に掲載する質問項目の作成に当たる。したがって，この段階でいい加減な変数・カテゴリの定義を行えば，研究の致命傷ともなる。慎重に作業を進めよう。

コーディング・シートとコーディング・マニュアルの作成

　コーディング・シートとは，分析単位をコード化（分析作業）する際に使用するもので，変数とカテゴリがすべて記載されたシートのことである（図3-2）。このシートは質問紙調査では“質問紙”に相当する。したがって，このシートを使ってコード化した後には，このシートに記載されたものをデータとしてパソコンで入力することになる。

　コーディング・シートにあらかじめ記載しておくべきものは既に述べたように，分析単位のコード化に必要となる“変数”と“カテゴリ”である。ただし，変数とカテゴリの定義については，コーディング・シートではなくコーディング・マニュアル[6]に記載する。この点については後述する。

　コーディング・シートには変数とカテゴリの他に，何について分析したのかがわかるよう ID もしくは No. の欄を設けよう（図3-2）。この ID もしくはNo. に記入すべき通し番号のようなものは，あらかじめ作成した分析単位の一覧表を見て記入するようにする。筆者が他の研究者と共に行った「日本ネタ」番組の内容分析研究では，番組 ID は番組番号（01 〜 23）と放送日（5月20日であれば0520）を組み合わせ，「010520」「010527」などを作成しておいた（図3-1）。このような ID 番号をコーディング・シートに記載することで，万が一記入漏れなどの不備があった場合に，どの分析単位を見直すべきかを効率よく探し出すことができる。

　コーディング・シートには，つけ間違い，つけ忘れが起こらないような工夫をするべきである。「当てはまるものにすべて○」「行間が狭い」「カテゴリ間のスペースが狭い」「Tab 設定がされておらず見にくい」といったコーディング・シートは避けるべきである。面倒かもしれないが，1つずつ有無をチェッ

6　“マニュアル”という用語は日常的に使用され馴染みのあるものであるため筆者は好んで使用しており，リフら（Riffe et al., 2014）もこの用語を使用している。しかし，“コーディング・ブック”や“コーディングの手引き”といった用語を使用する研究者もいる。

コーディング・シート

① CM の ID　　　　（　　　　　）－（　　　）

② **商品の種類**
    1.　コーヒー　　　　2.　紅茶　　　　　3.　お茶　　　　　4.　コーラ
    5.　サイダー・炭酸飲料　　　　6.　清酒　　　　　7.　焼酎
    8.　ビール・発泡酒・ビールテイスト飲料　　　　9.　ウィスキー

③ **広告主**　　　1.　日本企業　　　　　2.　外資系ないし外国企業・輸入品

④ **CM の長さ**　　1.　15 秒　　　　2.　30 秒

⑤ **商品名の表記文字**　　　1.　漢字・ひらがな　　2.　カタカナ　　3.　アルファベット
    4.　その他　　　　5.　混合　　　　6.　なし

⑥ **文字による日本・外国要素の表示**（商品名・企業名、人物名は除く）
    1．日本要素（あり・なし）　　　2．外国要素（あり・なし）

⑦ **画像による日本要素・外国要素の表示**（商品の画像・映像は除く）
    1．日本要素（あり・なし）　　　2．外国要素（あり・なし）

⑧ **音声による日本要素・外国要素の表示**（商品名・企業名・人物名は除く）
    1．日本要素（あり・なし）　　　2．外国要素（あり・なし）

⑨ **ナレーター**　　　　1.　男性　　　　2.　女性　　　　3.　男女とも　　　4.　なし

⑩ **ナレーションの言語**（⑨で「4.　なし」の場合は分析しない）
    1.　日本語　　　2.　英語　　　3.　アジア系の言語　　　4．ヨーロッパ系の言語
    5.　その他　　　6.　複数

⑪ **メッセージの有無**
    1.　原産国（日本・アジア・欧米・その他・なし）
    2.　素材・原料の産地（日本産・アジア産・欧米産・その他産・なし）
    3.　国民性（あり・なし）　　　　4.　異文化交流（あり・なし）
    5.　成分・材料（あり・なし）　　6.　味覚情報（あり・なし）
    7.　身体的効能（あり・なし）　　8.　心理・社会的効能（あり・なし）
    9.　社会的評価（あり・なし）　　10.　お得感（あり・なし）
    11.　注意喚起（あり・なし）　　12.　新商品・リニューアル（あり・なし）

図 3-2　コーディング・シートの例
出所：東京女子大学コミュニケーション専攻 2020 年度「コミュニケーション研究法実習（内容分析）」の
授業資料より

クする，行間に余裕を持たせる，Tab 設定を利用しカテゴリ間のスペースが確保されているものを作成するとよい。図 3-2 は，筆者が担当する「コミュニケーション研究法実習（内容分析）」という授業で実習用に作成したコーディング・シートの一部である。体裁を参考にしてほしい。

　次に，コーディング・マニュアルの説明をしよう。コーディング・シートによる内容分析のために用意するコーディング・マニュアルは，文字通りコーディング作業の指南書である。実験室実験であれば，実験参加者に与える"教示"を含む"実験手続き"を詳細に記したものに相当する。変数・カテゴリの定義，さらにどのようにコーディング・シートに印をつけたり記入するのかを過不足なく記載しておく。なぜなら，コーディング・シートを用いた内容分析においては，コーディングの作業を自分以外の人に依頼する可能性があるからである。卒業論文をグループで行うこともあるし，サンプルあるいは分析単位が膨大であるために他人にコーディングの手伝いを依頼する必要があるかもしれない。

　コーディング作業を手伝ってくれる人が同じゼミの親しい仲間であろうが，大学院生だろうが，内容分析に長けている人であろうが，マニュアルは必要である。そういう人たちに，研究目的とコーディング・シート，それに研究サンプルであるテレビ番組が録画された DVD を渡し，期日を告げるだけでは内容分析は失敗する。コーディングという作業は，誰が，いつ，どこで行っても同じ結果が得られるという保証のもとで行われるべきである。コーディング作業によって得られたデータを信頼しうるものにするために，コーディング作業のマニュアル作りは念入りに行うべきであり，コーディング作業を手伝ってくれる人たちには，必ずコーディング・マニュアルに従って作業をしてもらわなければならない。妥協は許されないという気持ちで臨もう。

　では，コーディング・マニュアルに含めるべきことを説明しよう。まずは，変数ならびにカテゴリである。カテゴリについては，1 つひとつ定義を明記する。研究者が当然だと思うことや常識的なことであっても必ず記載しておこう。研究者自身がコーディングをすべて行う場合であっても，コーディング作業中に判断の余地を残しておくことはしない。「とりあえずメモしておいて，後でどうにかする」ということは避けるべきである。そのようなことが起こらないように，コーディング・シートとマニュアルができたら，自分でいくつかサン

プルを分析し，コーディング・マニュアルと場合によってはコーディング・シートの修正を重ねることが大切である。

　コーディング作業の手順も記しておくべきである。コーディング作業をある規則に従って順番通りに行ってほしいのであれば，それも明記しておこう。また，作業に要する時間の目安も書いておくとよい。コーディング作業であってはならないのは，作業従事者が自分の"記憶"に頼って作業をすることである。コマーシャルの分析を例に説明しよう。1本15秒のコマーシャルについて，図3-2のように11の変数が設けられているとしよう。コマーシャルを2～3回見ただけで，これらすべての変数について正しく分析できるだろうか。"できる！"と思われた読者は，図3-2に掲載されているコーディング・シートを用いて試しにコマーシャルのコーディング作業をしてみるとよい。後からコマーシャルを見返すと，いかに"記憶違い"や"つけ忘れ"が多いかということに気づくだろう。そのようないい加減なデータは信頼性の低いデータであるから，実証研究のデータとして使用できない。そのようなことにならないために，コマーシャル1本の分析にかかる時間の目安をマニュアルに明記しよう。作業従事者に対して"このぐらいの時間はかけてください""このぐらいの時間はかかって当然です"というメッセージにもなる。

　また，コーディング・シートへの記入の仕方についても明記しておこう。質問紙調査などに慣れている人であれば，コーディング・シートへの記入作業に手間取ることはないかもしれない。しかし，他人が作成したコーディング・シートはわかりにくいこともあろう。大切な研究データを収集するためである。念には念を入れて細かな指示が書いてあるものこそ，優れたマニュアルといえる。親切すぎるぐらいのものがちょうどよい。

　図3-3はコーディング・マニュアルである。わかりやすさや過不足について考えてほしい。

コーダー（分析作業従事者）の訓練

　修正を重ねてコーディング・マニュアルまで完成させることができたら，①分析単位の一覧表（図3-1），②コーディング・シート（図3-2），③コーディング・マニュアル（図3-3）を使用して，分析作業従事者（以下，コーダー）の訓練

2020 年度研究法実習（内容分析）

コーディング・マニュアル

①CM の ID
「研究法実習研究対象 CM_20152019 年」の Excel ファイルで、「放送年」と「seq」を確認　し、左の（　　　）に放送年の数字、右の（　　　）に「seq」の数字を記入する。

②商品の種類（1 つのみ）
「研究法実習研究対象 CM_20152019 年」の Excel ファイルで、分析する CM の「商品種類」を確認し、該当する商品種類の番号に○をつける。

③広告主（1 つのみ）
「研究法実習研究対象 CM_20152019 年」の Excel ファイルで、分析する CM の「広告主」を確認し、該当する企業形態に○をつける。外国企業と提携している、もともと外国企業の子会社であったという場合であっても、現在日本の企業である場合は「1．日本企業」とする。商社による輸入商品については、「2．外資系ないし外国企業・輸入品」とする。

④CM の長さ（1 つのみ）
「研究法実習研究対象 CM_20152019 年」の Excel ファイルで、分析する CM の「秒数」を確認し、該当する選択肢に○をつける。明らかに Excel に表示されている秒数と異なる場合は、計測し該当する選択肢に○をつける。

⑤商品名の表記文字（1 つのみ）
CM 中に表示される商品名(商品そのものに印字されているものも含む)が、「1．漢字・ひらがな」「2．カタカナ」「3．アルファベット」「4．その他」のいずれであるかを判断する。「その他」にはハングル文字、アラビア文字、キリル文字が含まれる。「5．混合」は漢字とカタカナ、ひらがなとアルファベットなどの場合に選択する。商品名について文字表記がない場合は「6．なし」に○をつける。なお、銘柄（サントリー、伊藤園など）の文字表記は商品名ではないので気をつける。

⑥文字による日本・外国要素の表示
商品名・企業名、人物名を除くテロップについて、「日本要素」と「外国要素」それぞれについて有無をチェックする。使用されている言語ではなく内容で判断する。「日本要素」には"日本の伝統の味""古来より日本人はお茶に親しんできた""日本が世界に誇る製法"など、日本や日本人について言及する表記が含まれる。「外国要素」としては、"中国の秘伝の味""カーボーイも愛する味""○○人の 90%が朝食時に〜"など、外国や外国人について言及する表記が含まれる。

⑦画像による日本要素・外国要素の表示
商品の画像・映像をここで分析する画像には含まない。「日本要素」と「外国要素」のそれぞれについて有無をチェックする。「日本要素」には"日本の田園風景""祭や正月などの伝統行事""日本の学校、部活動の風景""日本の観光地"など、日本であることを想起させる画像・映像があれば、「あり」と判断する。単純に登場人物に日本人がいるというだけで、「日本要素」ありとはしない。
「外国要素」には"洋風の家""観光名所"、国旗、地図、建造物、料理などが想定される。日本人ではない人が登場しているシーンを「外国要素」にはカウントしない。

図 3-3　コーディング・マニュアルの例
出所：東京女子大学コミュニケーション専攻 2020 年度「コミュニケーション研究法実習（内容分析）」の授業資料より

⑧音声による日本要素・外国要素の表示

　　商品名・企業名、人物名を除く音声情報について、「日本要素」と「外国要素」それぞれについて有無をチェッ
　クする。使用されている言語ではなく内容で判断する。「日本要素」には "日本の伝統の味" "古来より日本人
　はお茶に親しんできた" "日本が世界に誇る製法" など、日本や日本人についての言及が含まれる。
　　「外国要素」には、"楊貴妃も好んだ" "ロシアの畑でとれた○○" "○○人の 90％が朝食時に〜" など、外
　国や外国人についての言及が含まれる。

⑨ナレーター（1 つのみ）

　　ナレーションの音声から、ナレーターの有無、ナレーターがいる場合その性別を判断する。

⑩ナレーションの言語（1 つのみ）

　　⑨で「4. なし」である場合は、この項目は分析しない。ナレーションを聞き、当てはまる言語を 1 つ選択する。
　「3. アジア系の言語」には中国語・韓国語をはじめ東南アジア、南アジアの言語を含む。ヨーロッパ系の言語
　にはロシア語、スペイン語、ポルトガル語などを含む。「6. その他」にはスワヒリ語などのアフリカ系の言語
　や中東で使用されるアラビア語やペルシア語が含まれ、英語と日本語など複数の言語が使用されている場合は
　「7. 複数」を選択する。

⑪メッセージの有無（1 つずつ）

　　1 〜12 の全てについて、文字・音声・画像のいずれかに含まれているか否か、また「1. 原産国」と「2. 素材」
　については、「ある」場合はどのようなものであるかをそれぞれチェックする。
　　「3. 国民性」には、"日本人が好きな味" "国民的人気" "この国にふさわしい味" など日本人やその国民性
　を意識した商品であることが示されている場合に「あり」とする。
　　「4. 異文化交流」には、日本人とそれ以外の国の国民が一緒に食卓を囲む/パーティを楽しむといった映像、"ド
　イツ発の○○が日本人にも愛されている" "日本のお茶がイギリスのティータイムを変える" など、ある国の飲
　料が他の国で飲まれている、他の国の人々の習慣を変えるといったメッセージが含まれる場合に「あり」とする。
　　「5. 成分・材料」には、その商品に含まれる成分や材料についての説明・言及がある場合に「あり」とする。
　　「6. 味覚情報」には、味、のどごし、口当たりに関する言及がある場合に「あり」とする。
　　「7. 身体的効能」では、健康にプラスの影響を与えるというメッセージ（等質ゼロ、ノンカフェイン、酔わな
　い、目が冴える、美肌効果など）の有無を判断する。
　　「8. 心理・社会的効能」では、がんばれる、リフレッシュできる、新しい一日の始まりなどの気分の変化・高
　揚、また人間関係へのプラスの影響として家族団らん、友人との楽しい時間、親密な関係性（恋人といい雰囲
　気など）といったメッセージの有無を判断する。
　　「9. 社会的評価」では、賞の受賞、調査結果の提示、○○人の○％が愛用といったことに関する言及があれば
　「あり」と判断する。
　　「10. お得感」では、キャンペーンの告知、「○％引き」「今だけ○○がもらえる」などの特典などについて情
　報が提示されている場合に「あり」と判断する。
　　「11. 注意喚起」は、「お酒は 20 歳になってから」「妊娠中・授乳中の飲酒はやめましょう」といった商品購
　入・摂取に関する注意事項の言及があれば、「あり」とする。
　　「12. 新商品・リニューアル」では、「新」「新登場」「新発売」「NEW」「新しくなった」など新しく販売
　された商品であることやリニューアル商品であることがわかる言及があれば、「あり」とする。

図 3-3　コーディング・マニュアルの例（続き）

をしよう。これは実験室実験や質問紙調査であれば，プレテストに当たる。この段階であなたの計画した内容分析の弱点が表面化すればしめたものである。コーダーから，"このカテゴリはこういうことでよいか""こういう場合はどうすればよいか""コーディング・シートが見づらい""この部分の記入の仕方がよくわからない"と言われたら，ラッキーだと思った方がよい。そうしたコーダーの意見を上手に汲み上げて，カテゴリを再定義し，マニュアルの記述を変更し，コーディング・シートの修正をすればよい。

　この訓練段階で，"信頼性の確認"を試みよう（信頼性については後述する）。この時点における信頼性とは，コーダー間でコード化の結果が一致している程度を指し，単純な方法で信頼性の確認をすれば十分である。例えば，同じコマーシャルを題材にマニュアルに従って分析してもらい，変数ごとにコーダーたちが選択したカテゴリが一致している程度を算出してみればよい。変数ごとに一致する程度（何％の一致率か）を算出し，90％以上の一致率であればあなたが作成したコーディング・シートとコーディング・マニュアルは合格と考えてよい。たとえ，訓練中にコーダーたちからコーディング作業やコーディング・マニュアルなどに対して疑問や意見が出されなくても，この段階で算出する信頼性が低い場合には，カテゴリの再定義やマニュアルの再考・修正が必要である。信頼性が低いということは，コーダー間でマニュアルに書かれていることについて一致した理解がなされていない可能性が高いからである。

　コーダーの訓練は1人ずつ行う必要はなく，一度に複数の人に対して行ってもよい。ただし，多くても5～6人までにとどめるのがよいであろう。訓練において大切なのは，各コーダーに与えられた責務を自覚してもらうことである。つまり，コーダーたちには自分のオリジナリティを発揮することではなく，マニュアルの内容を隅々まで理解し，マニュアルに忠実に従って情報を分析しなければならないことを肝に銘じてもらわなくてはならない。さらには，繰り返しになるが，この時点でコーダーたちの疑問や意見に応え，よりわかりやすい親切なマニュアルとコーディング・シートに仕上げていくことが大切である。

　コーダーの訓練が終わった時点で，酷なことではあるが，各コーダーの候補者は本当にコーディング作業に向いているかを判断しよう。マニュアルの内容（特に変数・カテゴリの定義）を十分に理解できなかった人，マニュアルに従

わずに煩雑な分析をしてしまう人などは，残念ながらコーディング作業には向いていない。また，コーディング作業のために十分な時間を取ることができない人にもこの作業を依頼することはやめた方がよい。つらい判断ではあるが，ここは心を鬼にして対処し，実証研究に耐えうるデータを収集することとスケジュール通りに研究を進めることを優先しよう。

　最終的にコーダーを何人にするかという基準であるが，一日ですべてのコーディング作用を終えられるよう何十人ものコーダーに依頼することはお勧めしない。コーダーの数が増えればコーダーに十分な説明をしたり，十分な訓練を施すことが難しくなる。その結果，データの信頼性が低くなることもありうる。そうなれば，研究をやり直さざるをえない。コーダーの訓練コストとコード化の信頼性を考慮すれば，多くともコーダーは 10 名以内にとどめるべきであろう。

　また，コーダーを 2 名にするかそれ以上にするかは，信頼性の確認方法によっても異なる。すべてのサンプルについて信頼性を確認するのであれば，当然コーダーは 2 人に絞ることになる。一方，ランダムに選び出した代表サンプルによって信頼性を確認するという方法をとるのであれば，コーダーを 3 名以上とすればよい。

信頼性の確認

　KH Coder の強みは信頼性が問題にならないことである。一方，コーディング・シートによる内容分析では，信頼性をどう高めるかが問題となることが多い。本章でもたびたび信頼性について触れていることからわかるように，複数のコーダーにコーディング作業を依頼した場合には特に気をつけなければならない。しかし，信頼性の問題は複数のコーダーで研究をする場合に限ったことではなく，研究者が一人でコーディングを行う場合にも考慮すべきことである。そこで信頼性とは何かについて説明し，そのうえで信頼性を高める方法や信頼性の確認方法について述べる。

　内容分析における信頼性とは，内容（コンテンツ）のカテゴリへの分類がコーダー間で一致していることとリフら（Riffe et al., 2014）らは定義している。また，彼らは内容分析特有の信頼性の問題として，コーディング・マニュ

アルにおける概念の定義と作業化，それを使用してコーディング作業に従事するコーダーの訓練，マニュアルとコーダーがどれほど信頼できるかの指標，という点を挙げている。つまり，コーディング・シートによる内容分析は，コーディング・マニュアルに従ってコーダーが行うものだから，それらが信頼に足るものでなければならない，ということである。したがって，マニュアルの作成は手抜かりなく，コーダーの訓練もしっかりすることが大切で，最終的な信頼性の評価はコーダー間で作業結果が一致しているかを確認することとなる。

　信頼性には安定性，再現性，正確性の３つがあるという（Krippendorff, 2004）。安定性はコーダー内の信頼性で，あるコーダーがある２時点で同一の研究サンプルをコーディングしても同じコーディング結果が得られることで，コーダーがぶれないことを指す。再現性は複数のコーダー間の信頼性で，彼らが同一の研究サンプルをコーディングし同じコーディング結果が得られることで検証される。最後の正確性は外的基準と一致しているか否かを指すが，外的

表3-2　３つの信頼性

信頼性のタイプ	具体例
安定性（**stability**）	コーダー内の信頼性（**intracoder reliability**）。自分一人でコーディング作業を行う場合に，あるサンプルについて時間をおいて２回コーディングし同じ結果が得られること。いつやっても同じ結果になるということ。
再現性（**reproducibility**）	コーダー間の信頼性（**intercoder reliability**）。複数のコーダーがあるサンプルについてコーディングし，同じ結果が得られること。誰がやっても同じ結果になるということ。
正確性（**accuracy**）	外的基準との一致度で，専門家のものと比較して確かめるなどの方法が考えられる。

表3-3　信頼性確認に必要なサンプル数（有意確率95％の場合）

全サンプル数	一致度の見通し		
	85%	90%	95%
10,000	141	100	54
5,000	139	99	54
1,000	125	92	52
500	111	84	49
250	91	72	45
100	59	51	36

出所：Riffe et al.（2014）より作成

基準の選定が難しい。表 3-2 は以上についてまとめたものであるが，コーディング・シートによる内容分析では，多くの場合，2 番目の再現性（コーダー間の信頼性）の検討が行われる。卒業研究ですべてのコーディング作業を自分一人で行う場合は，安定性（コーダー内の信頼性）を確認するとよいだろう。

　ここでは再現性と安定性のうち，再現性の確認手続きについて説明しよう。コーダーが 2 人の場合には，すべてのサンプルを別々にコーディングしてもらい，各変数での一致率を算出するという方法が 1 つ。ただし，これはサンプル数があまり多くない場合にしか使えない。

　次にサンプル数が多く，コーダーが 2 人以上の場合である。信頼性確認用のサンプルをランダムに抽出し，それらをコーダー全員にコーディングしてもらい，各変数での一致率を算出するとよい。抽出するサンプル数については，リフら（Riffe et al., 2014, pp. 110–113）が信頼性検定に必要なサンプル数を全体のサンプル規模と一致度の見通しから算出しているので参考にしてほしい（表3-3）。

　表 3-3 から，例えば，テレビ CM500 本の内容分析をする場合，90％以上のコーダー間一致率を達成したいのであれば，84 本の CM をコーダー全員でコーディングし，一致率を計算する。計算した一致率が 90％以上を達成していれば，100 回中 95 回はその一致率となることが保証される。ただし，500 本中 84 本もの CM をコーダー全員にコーディングしてもらい，各変数でのコーディング結果の一致率を計算するのは骨の折れることだと思う。統計学的には表 3-3 に示されているサンプル数を信頼性確認用に使用すべきだが，難しい場合は指導教員に相談するとよいだろう。

　信頼性確認は，既に述べたように，コーダーの訓練中に行いマニュアルなどの不備を整え，コーディング・シートの変更を行うとよい（p. 38 参照）。

　また，めでたく主人公の性別で 100％，主人公の年齢で 85％，広告商品で 90％，訴求内容で 88％……と信頼性が高いことが確認されたとしよう。それでも一致率が 100％でない項目がある場合はどうすればよいのだろうか。その際には，最も多くのコーダーが選択した項目を採用する，コーダー同士で話し合うといったことで解決するとよい。

　以上説明してきたことは，コーダー間の信頼性確認方法とその結果の解決方

法であり，信頼性係数ではない[7]。

研究スケジュールの作成

　マスメディアやSNSで流通する情報は日々刻々と変化する。社会を映す鏡でもあり，生きた情報でもある。したがって，それらのメディアに流通する情報を研究対象とするのであれば，短期間で研究を行い論文としてまとめ発表すべきである。優れた知見や見解を示すことができたとしても，時流から遅れることで研究の価値が目減りしてしまうこともあろう。もちろん時流に乗らなくとも十分な研究意義が認められることも多々ある。ただ，旬であることがその研究の魅力の1つであるのであれば，あらかじめ論文を発表するまでのスケジュールを立てておくとよいだろう。

　内容分析はコーディング作業（コード化）に想像以上に時間がかかる。質問紙調査やWeb調査であれば，集合式調査やネット調査によって短時間で何百，何千というデータを収集することができる。ところが，内容分析の場合はそうはいかない。各サンプルについて，1つひとつ変数について丁寧に一定の基準に従ってチェックし，さらに見直す必要がある。有能で協力的なコーダーたちに恵まれたとしても，コーディング作業には1〜2週間はかかるのではないか。"各コーダーが1日90分間コーディング作業に従事してくれたら，コーディング作業は何日間で終わる"といった予測を立て，コーディング作業の締め切りもコーダーたちにあらかじめ提示しておこう。

　さらには，データ入力，データ分析，論文執筆に要する時間についても算出し，長期的な研究スケジュールを立てておくとよい。そのような計画を立てることで，研究に対するモチベーションも高まり，成果を発表する機会（学会での発表や学会誌への投稿）を逃さずにすむのではないか。なお，筆者の学部ゼミでは3年次の1月に翌年1月に行われる卒業論文口述試験（卒業論文の提出は12月中旬）までのスケジュールを各自に立案させ，研究にどれほどの時間を要するかを自覚させている。

7　信頼性係数を算出し論文に掲載する必要がある場合には，Riffe et al.（2014）のpp. 115–121もしくはその訳書（日野他訳, 2018）のpp. 169–180を参考にしてほしい。

3.2　実査の手続き

「3.1　研究計画の立案」で説明した内容分析の準備を終えることはできただ
ろうか。コーダーの訓練を踏まえ，変数・カテゴリ，コーディング・シート，コー
ディング・マニュアルを改訂し，指導教官から実査について最終的な許可を得
られたら，早速内容分析にとりかかろう。

　実験や質問紙・Web 調査と同様で，内容分析も大変なのはその準備である。
したがって，前節で説明した準備が完璧であれば，あとはひたすら自分で，も
しくはコーダーの協力により，研究対象をコード化するのみである。ただし，
コーディング・シートによる内容分析が実験や質問紙・Web 調査と異なるのは，
データの収集に時間を要することである。この節では，コーディング・シート
による内容分析研究がどのようなプロセスを経ることになるかについて気をつ
けるべき点と共に述べる。

3.2.1　研究目的，研究対象・分析単位の確認

　この段階に到達する前に，問題意識を固め研究目的を確定したはずであるが，
今一度確認しよう。同時に研究対象・分析単位も確認し，研究目的に相応しい
ものであるかを再度チェックしておこう。

　コーダーに分析を依頼する場合には，コーダーにはできる限りコピーを渡す
ようにして，不慮の事故による研究対象の破損や紛失に備えよう。

3.2.2　コーダーへの委託

　大切な研究対象の複製を終えたら，正式にコーダーへコーディング作業を依
頼する。この時点でコーダーに渡すべきものは，①そのコーダーが担当する分
析対象のコピー，②分析対象もしくは分析単位の一覧表（図 3-1），③コーディ
ング・シート（図 3-2），④コーディング・マニュアル（図 3-3），⑤作業記録表
（図 3-4）の 5 点である。その他，謝礼の振込先を記入してもらう用紙などを渡
す場合もある。

　①の分析対象のコピーについては，研究者はどのコーダーに何を渡したかを

確実に記録しておかなければならない。また，各コーダーにもどの分析対象の
コピーを渡したのかを明示すべきである。各コーダーへの提示方法については，
リストの配布やそのファイルの共有，メールでの連絡など研究者とコーダーに
とって都合のよい方法でよい。

　③のコーディング・シートは，研究者自身が各コーダーが必要とするであろ
う枚数を算出し，コーダーに不自由な思いをさせないように心掛けなければな
らない。万が一，コーダーのコーディング作業中にコーディング・シートが不
足するなどの事態が生じた場合には，後日，コーディング・シートのコピー代
をコーダーに支払うようにしよう。

　また，コーダーに対してコーディング作業の期限についてもこの時点で告知
しておこう。コーディング作業はたいていの場合，あまり楽しいものではなく，
意外と時間のかかるものである。したがって，研究者の依頼を快諾してくれた
コーダーであっても作業の進捗状況が芳しくないといった事態に陥る可能性は
十分ある。④のマニュアルに作業期限を記載しておくことはもちろんのこと，
作業のための期間を 10 日以上とっているのであれば，途中で進捗状況を確認
する方がよい。

　さらに，⑤の作業記録表は，後日，各コーダーに謝金を支払う際に必要とな
る。各種助成金から謝金を支払う場合には，その助成金団体で規定の様式が定
められている場合もあるので確認されたい。そのような様式がない場合には，

作業記録表				
		氏名		
月日	作業内容	作業時間		
8月1日	ID1～ID8のCM分析	10:00～10:30，16:00～17:00		1時間30分

※一行目の記入例を参考に記入してください。

図 3-4　コーダーに記録を依頼する作業記録表の例

図 3-4 のような作業記録表を研究者自身が自作すればよい。また，この作業記録表は，謝金の金額算出の根拠となるだけではなく，各コーダーが作業に真摯に取り組んだか否かの目安にもなるので，作業を行うたびに記入してもらおう。

　コーダーへ作業を依頼する際に，「研究目的」を開示すべきか否かについては研究者が次のことを検討し判断すべきである。すなわち，コーダーに研究目的を開示することによってコーディング作業に何らかの偏りや歪みが生じることが予想される場合は，積極的に研究目的をコーダーに対して明かすべきではない。とはいえ，コーディング・シートやコーディング・マニュアルを見れば，コーダーたちは研究目的を推察できる可能性はある。

3.2.3　コーディング状況の確認

　コーディング作業が各コーダーのもとで順調に進んでいるかを確認することは，作業を依頼した研究者の重要な仕事の 1 つである。仮にいい加減な作業をされたら，取り返しのつかないことになる。筆者はコーディング作業中のコーダーに対し，少なくとも 2 度は作業状況について確認すべきだと考える。

　1 回目の確認は，コーダーに作業を依頼してから 1 日ないし 2 日が経過した時点がよいだろう。この時点で確認すべきことは，コーダーがマニュアルに今一度目を通し，記載内容を十分に理解できたかという点である。仮にこの時点でコーダーが作業に関して不明な点があればその時点で解決できる。確認する方法は，直接会ってもよいし，メールや LINE などでもよい。

　2 回目の確認は，コーダーがコーディング作業を始めてから 1 週間ほど経過したころであろうか。1 人のコーダーが割り当てられた研究対象についてコーディング作業を終えるには何日間（時間にすれば何十時間〜何百時間）もかかる。コーディング作業はそれほど魅力的な作業ではなく，それを自分の研究でもないのに毎日コツコツとこなせる人はそう多くないだろう。また，人によっては思いがけず予定が立て込むということもある。コーダーたちの中だるみや想定外の遅れを把握し，期限までに作業を終えてもらえるよう，作業状況を確認し，気を引き締めて作業を継続してもらえるよう働きかけよう。コーディング作業を続けることが難しいと思われる状況にあるコーダーや，中だるみが改善しそうにないコーダーに対しては，作業の続行は望まない方がよい。

3.2.4　作業の終了

　各コーダーから記入済みのコーディング・シートなどを提出してもらい,コーディング作業に誤りがないことを確認した時点で, コーディング作業, すなわちコーディング・シートによる実際の作業は終了となる。各コーダーから提出してもらうべきものを順に説明する。

　まずは, コード化された情報が記入されたコーディング・シートの束である。研究者はコーディング・シートの1枚1枚について, 記入漏れがないか, 不自然な点はないかを確認しなければならない。記入漏れがあった場合には, 直ちにそのサンプルを担当したコーダーに再コーディングを依頼する。また, 不自然な点があった場合には, 担当コーダーに問い合わせ, 不備でないことが確認できればよいが, そうではない場合には急いでコーディング作業をやり直さなければならない。作業のやり直しはできれば責任をもってそのコーダーにやってもらうべきだが, 不備が改善される見込みがない場合には, 他のコーダーに依頼するか研究者自身が行う方がよい。

　コーディング・シートの他に提出してもらうのは, ①研究対象のコピー（新聞記事のコピー, CM が録画された DVD など）, ②作業記録表（図3-4）, などである。①については, 現物が研究者の手元にあるため敢えて返却を望まない場合, Dropbox などネット上で共有されている場合などは返却してもらう必要はないだろう。②の作業記録表は,既に述べたように謝金（アルバイト代）を算出するために参考となる資料である。

　全コーダーからコーディング・シートが提出され, それらに不備がないことが確認されたら, いよいよデータを入力し統計ソフトでデータを分析できる。大きな山は越えたと思ってよい。

3.3　データ入力

　コーディング・シートによる内容分析では, データ入力まで漕ぎつけると先が見えてくる。データ分析に用いる統計ソフトについては, 昨今ではフリーのものから SPSS のようなライセンス契約が必要なものまで多種多様なものが利用される。読者の大学で利用可能な統計ソフトや研究室でよく利用される統

計ソフトを利用すればよい。本書では SPSS でデータを入力し分析することを
前提として，解説する。その他の統計ソフトを用いる読者や SPSS を利用して
いる読者でもデータ処理（データ入力から統計分析まで）に慣れている人は，
「3.3 データ入力」（pp. 46-50）は読み飛ばしていただいて構わない。

3.3.1　入力するデータの種類の確認

　実験や質問紙調査と同様で，コーディング・シートによる内容分析において
もデータを分析するためにはデータを入力しなければならない。まずは，デー
タ入力の際に知っておくべきことを述べる。

　データは大きく分けて質的データと量的データに分かれる（表 3-4）。質的
データには名義尺度（性別,国籍など）と順序尺度（好きな順番など）がある。
名義尺度のデータについては，「男性 =1」「女性 =2」「その他 =3」などと数字
に置き換えて入力するとよい。数値で置き換えられる場合には，数値入力とす
る方が効率よく入力できるからである。ただし，自由記述の欄に記載された文
章などについては，数字に置き換えて入力することは難しいのでそのまま入力
することになる。量的データには，間隔尺度（「まったくそう思わない」から
「非常にそう思う」の 5 段階尺度など）と比例尺度（テストの点数，身長など）
がある。

　データ入力を始める前に，コーディング・シートに掲載されている変数が表
3-4 のどのデータに相当するかを確認してほしい。なお,SPSS では「変数ビュー
画面」の「尺度」において変数の種類を選択することになる。

表 3-4　データの種類

変数の性質	尺度名	概要	例
質的変数	名義尺度	分類や区分を表す変量の尺度	性別，国籍，職種
	順序尺度	分類や区分に順序や大小関係がある変量の尺度	評定（優・良・可）要介護度
量的変数	間隔尺度	値の差に意味のある変量の尺度	温度，西暦
	比例尺度	値の差に加えて比率にも意味のある変量の尺度	速度，長さ，面積，身長，テストの点数

2020 年度研究法実習（内容分析）

コーディング・シート

CMID
①CM の ID（　　　　　）－（　　）

②商品の種類　*q2 商品の種類*　　*値はそのまま利用*
1．コーヒー　2．紅茶　3．お茶　4．コーラ
5．サイダー・炭酸飲料　6．清酒　7．焼酎
8．ビール・発泡酒・ビールテイスト飲料　9．ウィスキー

q3 広告主　　*値はそのまま利用*
③広告主　1．日本企業　2．外資系ないし外国企業・輸入品

q4CM の長さ　　*値はそのまま利用*
④CM の長さ　1．15 秒　2．30 秒

q5 商品名の表記文字　　*値はそのまま利用*
⑤商品名の表記文字　1．漢字・ひらがな　2．カタカナ　3．アルファベット
4．その他　5．混合　6．なし

⑥文字による日本・外国要素の表示（商品名・企業名、人物名は除く）
q6. 1【文字】日本要素　あり=1　なし=0　　*q6. 2【文字】外国要素　あり=1　なし=0*
1．日本要素（あり・なし）　2．外国要素（あり・なし）

⑦画像による日本要素・外国要素の表示（商品の画像・映像は除く）
Q7. 1【画像】日本要素　あり=1　なし=0　　*q7. 2【画像】外国要素　あり=1　なし=0*
1．日本要素（あり・なし）　2．外国要素（あり・なし）

図 3-5　未使用のコーディング・シートを利用した入力形式の決定法
出所：東京女子大学コミュニケーション専攻 2020 年度「コミュニケーション研究法実習（内容分析）」の授業資料より

3.3.2　データ入力の準備

コーディング・シートの記載内容をいきなりデータ入力することはありえない。まずは，データの入力形式（フォーマット）を決める。SPSS を利用するのであれば，「変数ビュー画面」の「名前」「型」……「尺度」を決め，画面を作成させたうえで，「データビュー画面」でデータ入力をする。また，「変数ビュー画面」を操作する前に図 3-5 のように，未使用のコーディング・シートに入力形式，つまり「名前」「値」などを記入するとよい。

図 3-6 は，図 3-5 をもとに作成した SPSS の変数ビュー画面である。時間を要するが「値」「ラベル」をつけておくことで，出力結果が見やすくなる。また，小数点以下が不要な場合は「少数桁数」を「0」としておけば，入力したデー

	名前	型	幅	小数桁数	ラベル	値	欠損値	列	配置	尺度	役割
2	q2_商品の種類	数値	8	0	商品の種類	{1, コーヒー}…	なし	8	右	名義	入力
3	q3_広告主	数値	8	0	広告主	{1, 日本企業}…	なし	8	右	名義	入力
4	q4_CMの長さ	数値	8	0	CMの長さ	{1, 15秒}…	なし	8	右	名義	入力
5	q5_商品名の表記文字	数値	8	0	商品名の表記文字	{1, 漢字・ひらがな}…	なし	8	右	名義	入力
6	q6_1_【文字】日本要素	数値	8	0	【文字】日本要素の表示	{0, なし}…	なし	8	右	名義	入力
7	q6_2_【文字】外国要素	数値	8	0	【文字】外国要素の表示	{0, なし}…	なし	8	右	名義	入力
8	q7_1_【画像】日本要素	数値	8	0	【画像】日本要素の表示	{0, なし}…	なし	8	右	名義	入力
9	q7_2_【画像】外国要素	数値	8	0	【画像】外国要素の表示	{0, なし}…	なし	8	右	名義	入力

図 3-6　SPSS の変数ビュー画面の見本
出所：東京女子大学コミュニケーション専攻 2020 年度「コミュニケーション研究法実習（内容分析）」の授業資料より

タの見直しが楽になる。ちょっとした手間で後の作業や見やすさが格段に楽になることを覚えておこう。

3.3.3　データ入力とデータ・クリーニング

　データ入力の準備が整ったら，間違いのないようにデータを入力する。入力する際は，4 つないし 5 つのセルを一塊として入力を繰り返すとよい。「2, 1, 3, 4」「3, 3, 6, 2」のようにである。パターン化されたリズムに乗って入力するとミスを少なくできる。できれば，コーディング・シートに記載されたデータを「読み上げる人」と「入力する人」の 2 人一組で行うとよい。

　データの入力が一通り終わったら必ずデータ・クリーニングをしよう。データ入力が得意でミスすることなどないと思っていても，必ず見直しをすべきである。データ・クリーニングの方法には 2 つある。まずは，コーディング・シートに記載されたデータをパソコンの画面上のものと突き合わせての確認である。これは一人で行うと骨が折れる作業であるので，誰かに手伝ってもらうとよい。その場合には，コーディング・シートを「読み上げる人」と画面上で既に入力された数値を「確認する人」と役割を分担する。

　もう 1 つの方法は，以上の突き合わせ作業の終了後に行うとよいものであり，各変数について記述統計（度数の算出）を行い，ありえない数字が入力されていないかを確認する方法である。例えば，「あり =1」「なし =0」のいずれかが入力されているべきところで，「9」「00」などの値が入力されていることを発見することができる。そうした誤ったデータが入力されている箇所を検索し特定し，正しい数値を入力すればよい。

　以上がデータ入力について知っておくべきことである。データ入力を終えた
ら，いよいよデータ分析である。次の章では，コーディング・シートによる内
容分析研究で，どのようにデータを分析しどのような結果が導かれたかを統計
ソフトによる場合と，それによらない質的な分析について解説する。

第4章

コーディング・シートによる内容分析の
データ分析事例

　筆者がこれまで行ってきた発表済みの内容分析の研究は，コーディング・シートによるものである。日本のテレビ CM におけるジェンダー描写（Arima, 2003; 延島, 1998），『ここがヘンだよ日本人』で描かれた日本人ステレオタイプの分析（有馬・山本, 2003; 有馬, 2004a），ヘアケア関連 CM にみる異文化受容（有馬, 2004b），「日本ネタ」番組の内容分析（志岐・有馬・藤井・山下, 2020）などである。ここではそれらの研究での分析をいくつか紹介することで，コーディング・シートによる内容分析によって収集したデータをどのように分析し結果としてまとめたらよいかを説明する。

　実は，コーディング・シートによる内容分析の研究では使用される統計分析が χ^2 検定などいくつかのものに限定される。リフら（Riffe et al., 2014）は，1986 年から 1995 年に Journalism & Mass Communication Quarterly に掲載された 239 の内容分析の論文で使用された分析方法について調べた。すると，それら 239 の論文の 3 分の 1 では平均，割合，出現頻度のみが使用され，4 割弱の論文で χ^2 検定やクラメールの V が，15% の論文でピアソンの積率相関係数が使用されるなど，基本的な分析方法とごく限られた発展的な分析しか用いられていないことが明らかにされた。つまり，コーディング・シートによる内容分析では記述統計（度数, %, 平均値など）や χ^2 検定によってデータを整理・分析し，結果にまとめればよいのである。

　以上を踏まえ，この章では筆者が行った研究から，①度数・割合の算出，②χ^2 検定，③クラスタ分析，④統計分析によらない分析，を紹介する。①と②からは基本的な分析によって課題を検討することを過不足なく行えることを示

す。③と④からは，研究目的や課題に合わせて創意工夫を試みることができることを理解してもらいたい。

4.1　度数・割合の算出

　「日本のテレビ・コマーシャルにみる異文化受容——ヘアケア関連CMの分析を中心に——」（有馬，2004b）より紹介する。黒髪直毛を日本人の毛髪の特徴としている日本において，テレビCMはヘアケア商品をどのように訴求しているのか，多文化共生やグローバル化を目指す日本においてそうしたことに考慮したヘアケアCMはあるのかを明らかにすることを目的に，ヘアケア関連商品（シャンプー・リンス，ヘアトニック，育毛剤，染毛料・ブリーチ剤など）のCM164本について，CM全体と主人公について，コーディング・シートを用いて分析した。

　ここではCMの変数である訴求形式と主人公の変数である性別と役柄に関する分析を紹介しよう。まずCMの訴求形式であるが，それぞれのCMについてその訴求方法が「ソフト（間接的・イメージ中心）」「ハード（直接的・論理的）」「中間・混合」のいずれであるかを判断した。度数と割合を算出し以下のような結果の文章を書いた。図や表は示さなかった。

　　訴求形式については，「ソフト」が過半数（86本，52.4%）を占めており，ヘアケア関連のCMにはイメージ重視のものが多いことがわかる。ただし，「中間」（60本，36.6%）や「ハード」（18本，11.0%）も少なくなかった（有馬，2004b, p. 47）。

　主人公の性別については以下のように記述した。

　　主人公としてCMに登場する男女の内訳は，「女性」（120人，73.2%）が「男性」（40人，24.4%）を大きく上回っていた[8]（有馬，2004b, p. 49）。

　主人公の役柄について以下の通りであった。

8　164本のCMのうち4本でアニメキャラクターなどの「人間」以外が主人公であった。ここに示されているのは，そうしたキャラクターを除いた男女の数である。

主人公の役柄は，「使用者」(76名，46.3%) が最も多く，「モデル」(52名，31.7%)，「紹介者」(33名，20.1%) がそれに続いていた。「広告主関係者」(2名，1.2%) と「複合」(1名，0.6%) はほとんどおらず，「専門家・権威者」は皆無であった（有馬，2004b, p. 48）。

また，クロス集計表を作成し，主人公の性別と役柄の関係を検討した。

役柄と性別は表 4-1 に示されているように男性は「紹介者」(35.0%)，女性は「モデル」(36.7%) がそれぞれ他方より多かった。商品の機能や特徴を説明する役割を担う「紹介者」に男性，見られる対象である「モデル」に女性がそれぞれ多く起用されており，広告に見受けられる性別役割分業の一形態がヘアケア関連商品の CM における役柄に認められる（有馬，2004b, p. 49）。

以上のように内容分析の研究論文では，統計的検定を行うことなくデータを整理し結果を提示することも多い。統計的検定を行う場合にも当てはまるが，必要な数値（人数や %，平均値など）は文章中にも必ず記載し，そうした数値が意味するところを文章にする。図や表については，必要なもののみ作成すればよい。なお，この論文では，以上のような記述統計に基づく検討に続き，CM ならびに主人公について測定した変数を使用しクラスタ分析を行い，ヘアケア関連 CM のタイプ分けを行った。クラスタ分析については，この後の「4.3 クラスタ分析」(pp. 56–60) において，別のデータを用いて説明する。

4.2　χ^2 検定

「日本のテレビ広告におけるジェンダー描写」（延島，1998）より紹介する。401 本の広告に登場する 531 人の成人主人公の描かれ方を検討することで，日本のテレビ広告ではどのようなジェンダー描写がされているのかを明らかにすることを目的とした。具体的には，男性主人公と女性主人公の描かれ方の違いを様々な変数について統計的に検討することで，ジェンダー描写の特徴を明らかにした。なお，531 人の主人公のうち女性は 301 人，男性は 230 人で女性の方が多かった。ここでは主人公の性別との関連をみた変数のうち主人公の年齢，

表 4-1　主人公の役柄と性別との関係

	使用者	モデル	紹介者	広告主関係	複合
男性 （n=40 ）	19 （47.5%)	7 （17.5%)	14 （35.0%)	0 （ 0%)	0 （ 0%)
女性 （n=120)	54 （45.0%)	44 （36.7%)	19 （15.8%)	2 （1.7%)	1 （0.8%)

出所：有馬（2004b）より作成

表 4-2　主人公の性別と諸変数の関係　　　　　　　　　　　　　　　　　　n （%）

変数	カテゴリ	男性 （n= 230)		女性 （n= 301)	χ^2値
年齢層	20 〜 29 歳	53 （23.0%)	<	212 （70.4%)	141.052***
	30 〜 39 歳	74 （32.2%)	>	51 （16.9%)	
	40 〜 49 歳	68 （29.6%)	>	17 （ 5.7%)	
	50 〜 59 歳	13 （ 5.7%)		19 （ 6.3%)	
	60 歳以上	22 （ 9.6%)	>	2 （ 0.7%)	
登場場面	家庭	43 （18.7%)	<	84 （27.9%)	10.950†
	職場	29 （12.6%)	>	22 （ 7.3%)	
	レジャー	12 （ 5.2%)		19 （ 6.3%)	
	屋外	40 （17.4%)		48 （16.0%)	
	複数	22 （ 9.6%)		36 （12.0%)	
	その他	84 （36.5%)		92 （30.6%)	
訴求タイプ	セリフなし	44 （19.1%)		59 （19.6%)	29.426***
	無関連	58 （25.2%)	>	53 （17.6%)	
	関連	18 （ 7.8%)		31 （10.3%)	
	商品名告知	35 （15.2%)	>	24 （ 8.0%)	
	推奨	12 （ 5.2%)		9 （ 3.0%)	
	感想	24 （10.4%)	<	61 （20.3%)	
	特徴説明	19 （ 8.3%)	<	49 （16.3%)	
	用途・機能解説	20 （ 8.7%)		15 （ 5.0%)	

†p<.1, ***p<.001
出所：延島（1998）より作成

登場場面，訴求タイプを取り上げる。以下，少し長くなるが論文からの抜粋となる。

　　　ここからは，表 4-2 に示されている主人公の性別と他の諸変数との関係についてみていく。なお，χ^2値が有意であった変数については，＜中略＞調整された残差を算出し，有意な χ^2値をもたらしたカテゴリを特定化した。

　　　表 4-2 から明らかなように，性別により年齢層の異なる主人公が広告に起

用されている（$\chi^2(4)=141.052, p<.001$）[9]。残差分析を行ったところ，20代では女性主人公（70.4％）が男性主人公（23.0％）を大きく上回り，30代（男性32.2％，女性16.9％），40代（男性29.6％，女性5.7％），60代以上（男性9.6％，女性0.7％）の年齢層では男性が女性を上回ることが明らかとなった。以上のことから，テレビ広告の主人公には若い女性が頻繁に起用されていることが分かる。

<中略>

主人公の性別と登場場面の関係には有意な傾向がみられ（$\chi^2(5)$=10.950, $p<.1$），残差分析の結果，「家庭」で登場するのは女性（27.9％）が男性（18.7％）よりも有意に多く，「職場」では逆に男性（12.6％）が女性（7.3％）よりも有意に多いことが明らかになった（表4-2参照）。未だに「男性は仕事」「女性は家事・育児」という性役割観が広告の世界に反映されていることを示唆する結果といえるのではないか。

<中略>

表4-2から明らかなように，主人公のセリフにみられる訴求タイプの男女差も有意であった（$\chi^2(7)=29.426, p<.001$）。残差分析を行ったところ，男性は女性よりも「無関連」（男性25.2％，女性17.6％）と「商品名告知」（男性15.2％，女性8.0％）が有意に多いのに対し，女性は男性よりも「感想」（男性10.4％，女性20.3％）と「特徴説明」（男性8.3％，女性16.3％）をより多く用いていることが明らかとなった。なお，男女どちらの主人公もセリフのない者はそれぞれ20％弱を占めていた。

　前述の記述統計のみの場合と同様で，結果の文章は度数や割合を引用しながら書く。また，統計的検定を用いた場合は，まず統計的検定の結果が有意であったのか否かを統計値と共に記述し，その後具体的な結果（今回の例ではカテゴリにおける男女別割合）を記すとよい。また，具体的な結果に続けて，主人公の登場場面の結果の箇所のように結論を記述することを試みてほしい。
　また，χ^2検定を行った際の表についてであるが，内容分析においては1つ

9　当時の論文では，（$\chi^2=141.052, df=4, p<.01$）のように$\chi^2$の統計結果を記していたが，現在の主流な表記に本書では改めた。

ひとつの検定結果について表や図を作成すると，しばしば膨大な量となってしまう。そこで表 4-2 のように敢えてすべての変数をまとめて記載するクロス表を筆者は愛用している。1 つひとつクロス表もしくは図（グラフ）を掲載する方がよいのか，すべてをまとめた表あるいは意味のあるまとまりごとに表を作成するのがよいのかを吟味し，見やすい表もしくは図を作成しよう。

4.3　クラスタ分析

　日本・日本人の良さや特性などの「日本ネタ」を取り上げる様々なテレビ番組の内容とそれらが視聴者である日本人の日本人意識やグローバル意識とどのような関係があるかを明らかにすることを目的に行っている共同研究から紹介する[10]。2019 年 5 〜 6 月に地上波と BS で放送された日本ネタを扱っている 19 のテレビ番組 2 週間分の内容分析を試みた。ただし，期間中に「日本ネタ」を扱わなかった場合は，1 週間分のみ対象としたため 36 回分が研究対象となった。

　放送時間，オープニング時間，エンディング時間，次回予告時時間，番組トーン（知的レベルとエンタメ指向），扱っている日本の数，スタジオと VTR の属性別出演者数をそれぞれ Z 得点に変換し，階層クラスタ分析（Ward 法・ユークリッド平方距離）を行った。図 4-1 のデンドログラムより，5 クラスタが妥当であると判断し，上記の各変数について分散分析より明らかになったクラスタ間の差異から各クラスタを命名することとした[11]。

　第 1 クラスタには『You は何しに日本へ？』と『cool japan』が分類され，スタジオでも映像でも在日外国人の出演が多いことが明らかである（表 4-3）。日本在住で日本をよく知る外国人が意外な日本の良さを指摘するタイプの番組であると解釈できるので，「外国人が日本の良さを紹介する番組」と命名した。

　第 2 クラスタには『新説！所 JAPAN』『林修のニッポンドリル』『ワタシが日本に住む理由』『世界！ニッポンに行きたい人応援団』『たけしのニッポンの

10　筆者が山下玲子氏，志岐裕子氏，藤井達也氏と行っている研究の一部である。

11　これ以降の結果の文章には統計値を示していないが，そうした数値や平均値と SD を記載して各クラスタの特徴についてより詳細に説明することも可能である。先行研究に当たり自分の研究により適した記述としてほしい。

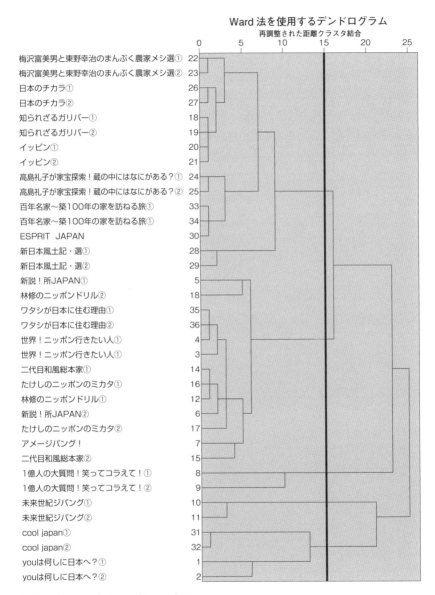

図 4-1　「日本ネタ」番組のデンドログラム
出所：有馬・山下・志岐・藤井の共同研究のデータより作成

ミカタ』などが分類された。これらの番組の特徴は，次回予告が長く，知的レベルがやや低いことであり（表4-3），日本ネタを楽しむことを主目的としている番組といえる。以上より，第2クラスタは「日本ネタを楽しむ番組」と命名した。

　第3クラスタには『1億人の大質問！笑ってコラえて！』のみが分類された。この番組の特徴は，知的レベルが低くエンタメ指向が高いこと，オープニングが長いこと，日本人男女のスタジオ出演者数が多く，映像においても日本人男女の出演が多いことなどである（表4-3）。以上より，このクラスタを『大人数で盛り上がる番組』と呼ぶことにした。

　第4クラスタに分類されたのは，『未来世紀ジパング』の一番組のみであった。表4-3から，この番組は知的レベルが高くエンタメ指向が低く，海外在住の外国人がVTRに多く出演していることがわかった。また，番組内容は，アジア諸国でのODA，外食産業の進出などグローバル社会で貢献する日本を扱っていることから，第4クラスタは「外国で感謝される日本を扱う番組」と呼ぶことにした。

　第5クラスタに分類されたのは，『日本のチカラ』『知られざるガリバー』『百年名家―築100年の家を訪ねる旅』『イッピン』などであった。知的レベルが高くエンタメ指向が低いことがこのクラスタの特徴である（表4-3）。また，番組で扱われているのは，日本の工業技術，伝統工芸，骨董品など世界に誇れる正当な日本ネタであると判断できた。以上より，このクラスタを「偉大な日本を再確認する番組」と名づけることとした。

　以上のように，「日本ネタ」といえども番組によって扱う内容とその扱われ方が異なり，さらには番組トーンも異なることが明らかとされた。どのような「日本ネタ」がどのように扱われることが日本人視聴者に好まれるのか，また番組タイプによって視聴者の日本人意識やグローバル意識に異なる影響があるかは別途行ったWeb調査で検討した[12]。

　コーディング・シートによる内容分析のデータから，このようにクラスタ分

12　Web調査の結果は，http://iap-jp.org/jssp/conf_archive/detail.php?s=2020-A-0154 に掲載されている。

表4-3　各変数の各クラスタの平均値と分散分析の結果

変数	クラスタ1	クラスタ2	クラスタ3	クラスタ4	クラスタ5	F値	多重比較
放送時間	49分44秒	44分19秒	48分49秒	44分36秒	36分20秒	2.314†	
オープニング時間	46.5秒	25.2秒	4分3秒	0秒	1分20秒	7.884***	3>1,2,4,5
エンディング時間	10.5秒	3.4秒	0秒	0秒	17.7秒	1.200	
次回予告時間	6.8秒	23.4秒	10.0秒	15.0秒	13.1秒	3.905*	2>1,5
トーン_知的レベル	3.50	3.38	2.00	5.00	4.33	7.224***	5>2,3; 4>3
トーン_エンタメ指向	4.00	4.38	5.00	2.50	1.73	21.751***	3>4,5; 1,2>5
扱っている日本の数	2.50	2.46	1.00	3.00	1.87	0.374	
スタジオ_日本人男性	1.75	2.92	4.50	2.00	0	27.396***	3>1; 4>5; 2>5
スタジオ_日本人女性	0.75	1.38	5.00	2.00	0.20	28.943***	3>2; 4>5; 3>1
スタジオ_在日外人男	2.25	0.46	0	0	0	8.132***	1>2,3,4,5
スタジオ_在日外人女	3.25	0.23	0	0	0	14.571***	1>2,3,4,5
スタジオ_その他男	0	0.08	0	1.0	0	15.339***	4>1,2,3,5
スタジオ_その他女	0.5	0.08	0.5	1.0	0	8.242***	1,4>5; 4>2
映像_日本人男性	8.50	10.92	21.00	8.00	9.00	1.108	
映像_日本人女性	6.00	5.23	24.00	2.00	4.27	10.240***	3>1,2,4,5
映像_在外外国人男性	0.50	0.23	0	10.50	0	114.173***	4>1,2,3,5
映像_在外外国人女性	0.25	0.23	0	13.0	0	344.738***	4>1,2,3,5
映像_在日外国人男性	2.00	0.08	0.50	1.00	0	20.832***	1,4>2,5; 1>3
映像_在日外国人女性	2.00	0.31	0	0	0	9.521***	1>2,3,4,5
映像_訪日外国人男性	2.25	0.85	0	0	0	2.523†	1>5
映像_訪日外国人女性	1.25	0.46	0	0	0	1.363	
映像_日系人女性	0	0	0.50	0	0	7.319***	3>1,2,4,5
映像_その他男性	0.50	0	0	0.50	0	6.458**	1,4>2,5
映像_その他女性	0	0	0.50	0	0	7.319***	3>1,2,4,5

†$p < .1$, *$p < .05$, **$p < .01$, ***$p < .001$
出所：有馬・山下・志岐・藤井の共同研究のデータより作成

析を行うことでコミュニケーションの内容・形式のタイプ分けを行うことができる。さらに，タイプ分け後に様々な分析をすることや上記にあるように，オーディエンス調査を行うことでコミュニケーションのタイプによる効果・影響の違いを検討することが可能となる。

4.4　統計分析によらない分析

　バラエティ番組『ここがヘンだよ日本人』（TBS系列で1998年10月から2002年3月に放送）で描かれた日本人ステレオタイプの分析（有馬・山本，2003; 有馬，2004a）から紹介する。この番組は，トピックスとして外国人出演者が日本人のおかしなところ（例えば，"女子高生より我々のほうがきちんとした日本語を話せる""お中元・お歳暮の意味がわからない"など）を挙げ，それをめぐって外国人と日本人がスタジオで討論をするのが番組の核となっていた（萩原，2003; 2004）。ここでは，番組の中で外国人出演者によって披瀝されたトピックスである日本人ステレオタイプとそれに続く討論過程の分析を紹介する。この分析は，統計分析によらないのみならず，厳密にはコーディング・シートも使用していない。当該番組のコーナーでの討論過程の展開を明らかにすることを目指した分析であり，そのために，表4-4に示すような表をそれぞれのコーナーごとに作成した。このように，番組の流れやストーリー展開を追いたい場合などは，統計的な手法によってデータ分析を行うことは難しい。また，KH Coderなどによる計量テキスト分析を利用することもできない。そのような場合には，研究者自身が分析方法を考案しなければならない。「関西人はどんな店でも必ず値切る。恥を知れ！」というトピックスに続く討論過程の分析を例に説明しよう。

　まず，トピックスに続く出演者によるそれぞれの発言趣旨が後述する11のカテゴリのどれに当てはまるかを筆者と研究協力者で判断した。なお，発言は文章単位ではなく，1人の発言者の発言が別の発言者に取って代わられるまでとしたため，1つの発言に複数の発言趣旨カテゴリが含まれることがあった。

　設定されたカテゴリは「ステレオタイプ」「負の評価」「正の評価」「集団間比較」「反ステレオタイプ」「正当化」「ステレオタイプの原因」「ひいき」「集

表 4-4　討論過程の記録例

	トピックス：関西人はどんな店でも必ず値切る。恥を知れ！	
外国人 A	関西人はどこでも関西だと思い込んでいる。「もうちょっと負けてくれんかねー」と言う。郷に入っては郷に従え。	ステレオタイプ 負の評価
関西人 1	皆さん誤解しているところがあると思うが，値切るのは愛嬌なんだ。コミュニケーションなんだ。	正当化
外国人 A	言葉の問題ではなく，習慣の違いの問題。	負の評価
関西人 1	恥を知れというのはおかしい。これは愛。ちゃんと手を上げて言いなさい。途中で手も上げずに話始める方が恥や。	反論 正当化
<中　略>		
関西人 2	定価の 2 割までで物はできている。そして，自分が買いたい値段を言う。それでだめなら，"No, Thank you." でいいわけですよ。	正当化
<中　略>		
外国人 B	値切るのがダメとは言っていない。値切って値段が決まったら, すぐお金を払ってください。さらに値切ろうとする。恥を知れよ。	ステレオタイプ 負の評価
関西人 3	値切ってもう 1 個買うくらいの根性持っている。客を呼んでくるという根性がある。	正当化 正の評価
外国人 C	値切るだけじゃなくてケチ。岐阜で店をやっているが，大阪から客が来て飲み食いして, 3 人で 3,000 円だった。「高いな岐阜で」と言われ，そのまま帰った。	ステレオタイプ 負の評価
関西人 4	あなたのサービスが良くなかった。人徳が足りない。	正当化
外国人 C	1 杯 500 円。カラオケもタダ。安いですよ。	反論
関西人 5	大阪人は価値判断が瞬時にできる。特に食べ物については。商売辞めた方がいい。	ステレオタイプ 正の評価
<以下省略>		

出所：有馬（2004a）より

団異質性（認知）」「反論」「その他」であった。ここでは表 4-4 の事例に含まれる発言趣旨カテゴリのみ詳しく説明する[13]。

　「ステレオタイプ」は日本人には共通する特徴があるという発言や日本人に関する抽象化した知識，日本人のプロトタイプについての言及であり，「負の評価」と「正の評価」はそうしたステレオタイプに対する否定的あるいは肯定的な評価の表明であった。「正当化」はステレオタイプを正当化するための言

---

[13]　その他の発言趣旨カテゴリの詳細は，有馬・山本（2003）もしくは有馬（2004a）を参照されたい。

い訳を指し，「反論」は他者の発言を根拠なしに封じる発言や言いがかりとした。

　各発言については発言趣旨カテゴリへの分類と同時に，発言者の立場，すなわち日本人であるかそれとも日本人と対立関係にある外国人であるか（少なくとも番組では日本人と外国人は対立関係に置かれていた）を整理したうえで，発言趣旨を集計し，日本人と外国人の発言にはそれぞれどのような発言趣旨が多いかを把握した。また，討論がどのように展開されるかに焦点を当てることに意味があると考えたため，統計処理に頼らずに生の資料に近い表4-4のようなものを作成し，そこから読み取れること，解釈できることを重視した。

　以上の研究意図と分析方法から得られた研究結果は以下の通りである。

　トピックス提示によって日本人が負の評価を受けるということは，日本人にとって肯定的なアイデンティティの達成を阻害されたということを意味する。タジフェル（Tajfel, 1978）の社会的アイデンティティ理論によれば，われわれの自己概念の一部は社会的アイデンティティであり，われわれは肯定的なセルフイメージを抱くために，社会的アイデンティティを利用しているという。討論の場で日本人が肯定的なアイデンティティを回復する，わかりやすく言えば名誉を挽回するためには，日本人は外国人の主張を論駁しなくてはならない。

　では，日本人は論駁場面でどのような発言をしたのだろうか。日本人は"反ステレオタイプ（ステレオタイプに反する事例を挙げる，ステレオタイプを否定する）"や"集団異質性（日本人にはいろいろな人たちがいることを指摘する）"といった発言をほとんどみせなかった。むしろ過半数の発言において"正当化"をしていた。ここでいう"正当化"とは外国人から指摘されたステレオタイプを"変なことではない""仕方がない""日本人のやり方"などの言い訳をすることを指す。また，"反論（他者の発言を根拠を示さずに封ずる，言いがかりをつけるなど）"も約3割の発言において認められた。

　一方，外国人は"負の評価"をし続けることが約8割の発言でみられ，

非常に多かった（有馬, 2004a, pp.75–76）。

　以上が，コーディング・シートによる内容分析のデータ分析の事例である。この章の冒頭で述べたように，高度な統計的手法でデータ分析を行うことはそう多くはない。むしろ記述統計（度数, %, 平均値など）レベルでデータを整理し文章で説明することやクロス集計表を作成したり χ^2 検定によって，変数間の関連性を検討することがほとんどである。そうした基本的なデータの整理を順序よくわかりやすく提示できることが肝要である。そのためのヒントを次章の「5.1　結果のまとめ方」で紹介する。

第5章

コーディング・シートによる内容分析の結果と考察のまとめ方

　この章では，コーディング・シートで行った内容分析の結果のまとめ方と考察に書くべきことを解説する。専攻する学問によって形式の決まりごとなどに多少の違いはあるが，参考にできる部分があれば幸いである。なお，KH Coder による内容分析の結果の執筆については，第7章で別途解説するが，考察はコーディング・シートによるものも KH Coder によるものも共通であると考えてよい。また，問題や方法などの論文の前半部分の書き方は省略するが，それらについては別の書物や先行研究を参考にしてほしい。

5.1　結果のまとめ方

　内容分析の結果は，質問紙調査による研究にもしばしばみられるように，膨大であることが多い。したがって，冗長にならないように順序よく上手にまとめるようにしたい。そうでない場合，読み手は結果を読んでもいったい何が明らかにされたのかわからず苦痛になる。書き手自身にとっても結果を執筆していてもまったく楽しくなく，何のために研究を行ったのか，いったいどんな意味がこの研究にあるのかなど自己嫌悪に陥ってしまうかもしれない。この節では，そのようなことを回避するためにできることを順に説明する。

5.1.1　構成の検討

　まずは結果をどのような構成にするかを検討しよう。あらゆる研究にいえることであるが，「結果」は，「問題」と「考察」をつなぐ役割を持つ。したがって，

「結果」では「問題」に対する結果を具体的かつ論理的に説明することになる。そのために，まずは研究課題や仮説・予測の確認をしよう。そうすればおのずと何が問題であるのか，何を明らかにしようとしている研究であるのか，どのような答えを提示すればよいのかがわかるだろう。

　これまで筆者が卒業論文の指導をするなかで，しばしば遭遇したコーディング・シートによる内容分析の結果の困った執筆例がある。それは，コーディング・シートに掲載されている順番通りにひたすら何が何パーセント……というものがグラフ（図）や表と共に整理されたものである。もちろん χ^2 検定などの必要な統計検定は行われているが，それはドラフトにすぎないし，むしろそうしたドラフトを作成する前に，結果の構成をどうするかを検討してほしい。

　なぜ，1つひとつの変数に関する結果を記述する前に構成を検討する必要があるのだろうか。それは内容分析の結果は，多くの場合，1つの変数に関する結果がある仮説を支持するか否かに直結しない。研究課題についても同様で，ある1つの変数に関する結果でもって研究課題を明らかにしたことにはならない。複数の変数の結果を勘案することで，仮説が支持されるか否かを判断することができるし，研究課題を明らかにすることができる。とはいえ，変数1から延々と結果を説明し，結論を述べるわけにはいかない。そうならないために，まずは大まかな結果の構成を考え，それをメモするなり図示するなどしてみよう。その他にやってみる価値のあることを以下で述べる。

5.1.2　結果をいくつかのパートに分け見出しをつける

　結果の構成を考えるということと直結することであるが，結果をいくつかの意味のあるまとまりに分けるとよい。仮説や研究課題が複数ある場合には，それらに対応するように結果をまとめればよい。その際，"男女の外見の違い"などの内容がわかる見出しをつけよう。

　表5-1は，ゼミ生の卒業論文で，結果を複数の部分に分け小見出しを上手に活用しているものを示したものである。「魔法少女アニメにおけるジェンダー描写」を執筆した近田さんと巻田さんは，「主人公について」「変身前後の外見について」「魔法シーンについて」という3つの大きなパートの中にそれぞれ表5-1に記載されている項目についての分析結果を執筆した（近田・巻田，

表 5-1　見出し・小見出しの例

近田・巻田 (2018)	岩崎 (2021)
1．主人公について 　性別・年齢, 恋愛描写, イメージカラー, 頭身	1．LGBTs の外見 　LGBTs の服装, LGBTs のヘアスタイル
2．変身前後の外見について 　キャラクターの変身前と変身後の髪色, キャラクターの変身前と変身後の髪の長さ, キャラクターの変身前と変身後の髪型, キャラクターの変身前と変身後に身につけているアクセサリー, キャラクターの変身前と変身後の化粧, キャラクターの変身前と変身後のトップスの種類, キャラクターの変身前と変身後のボトムス, キャラクターの変身前と変身後の露出度, キャラクターの変身前と変身後の靴の種類, キャラクターの変身前と変身後の靴の高さ	2．LGBTs の社会的地位 　LGBTs の年齢, LGBTs の職業
	3．LGBTs の恋愛 　LGBTs の好きになる性, LGBTs の恋愛感情の有無, LGBTs の恋愛対象者の好きになる性, LGBTs の恋愛の結末
	4．LGBTs のセクシュアリティのカミングアウト 　カミングアウトの範囲, カミングアウトの対象者
3．魔法シーンについて 　変身・問題解決・戦闘アイテムについて, 魔法少女の敵の戦闘方法について, 変身・問題解決・戦闘シーンの長さ	5．テレビドラマの LGBTs の位置づけと扱い 　テレビドラマの放送時間, テレビドラマのトーン, テレビドラマのテーマ, テレビドラマにおける LGBTs の重要度, 登場する LGBTs の重要度, 登場する LGBTs の人数
	6．研究課題で見る結果のまとめ 　研究課題 1：LGBTs の身体的性別と性役割描写の一致度の変化を明らかにする 　研究課題 2：テレビドラマにおける LGBTs の社会的地位の時代変化の有無を明らかにする 　＜以下研究課題 3 ～ 7 まで省略＞

2018)。

　「テレビドラマにおける多様な性の時代変化」という論文を執筆した岩崎さんは,「LGBTs の外見」「LGBTs の社会的地位」「LGBTs の恋愛」「LGBTs のセクシュアリティのカミングアウト」「テレビドラマでの LGBTs の位置づけと扱い」「研究課題で見る結果のまとめ」の 6 つの大きなパートを作り, その

中にそれぞれ表5-1 に示されるような項目についての分析結果を執筆した（岩崎, 2021）。両者とも非常にわかりやすい構成であった。

5.1.3　リードをつける

　見出しや小見出しをつけるだけではなく，結果の詳細（統計結果の提示とそれらの意味するところ）を記述する前に，そのパートで報告する内容あるいは項目を 2 〜 3 行の文章で説明しておこう。そうした文章の中で「問題」で提示した仮説や研究課題について言及することも可能である。

　2017 年のアメリカ・トランプ大統領就任前後の日本のテレビ報道の内容分析をした筆者のゼミ生の上田さんと七尾さん（2018）は，結果の節ごとにリードを上手に活用していた。彼女たちの論文からいくつか例を挙げておこう。まず，「第 1 節　ニュース番組全体の分析結果」の冒頭では，

　　　この節では，ニュース番組全体の平均放送時間とニュース項目，ニュース
　　　内容に関する結果をみていく。なお，本研究の対象となった各番組の放送
　　　局と種類，平均放送時間，各局の平均放送時間の総数を表 4-1-1 に示す。
　　　また分析対象のニュース番組には，報道番組と情報番組の両方を含む（上
　　　田・七尾, 2018, p. 17）。

　また，「第 5 節　政治報道の比較表現と対立表現についての分析結果」の冒頭では，

　　　この節では，政治報道の比較表現と対立表現に関する結果を政策と政策以
　　　外に分けてみていく。ここでの比較表現とは，ある人物と人物や，物と物
　　　を比較するような表現のことを指す。対立表現とは，ある人物と人物や人
　　　物と物，物と物が対立しているような表現のことを指す。なお，表現方法
　　　の具体的な内容については質的検討でみていく（上田・七尾, 2018, p. 36）。

　このようにリードをつけることで，その節で示される結果の項目や内容が明らかになるため，読み手の構えが整う。また，結果が膨大になる場合には，上記の上田さんと七尾さんの第 5 節のリード例にあるように重要な概念の定義や論文中での用語の定義を示すことで，読者の混乱を防ぐことができる。

5.1.4　各パートの最後に結論を記載する

　各パートの最後には，そのパートで説明した結果から導き出される結論を明示し，小括しよう。コーディング・シートによる内容分析の結果には，膨大な変数とそれらに関する（統計）結果を記述しなければならないことが多い。読者に結果から導き出される結論を推測させること，考察まで１つひとつの結果を記憶しておいてもらうことは期待しない方がよい。淡い期待にすがるのではなく，各パートの最後に小括として結論を明示すれば読み手の理解の一助となるだろう。また，それら各パートの小括を総括した結論を「結果」の最後に提示してもよい。

　図 5-1 は以上の結果の書き方を図示したものである。

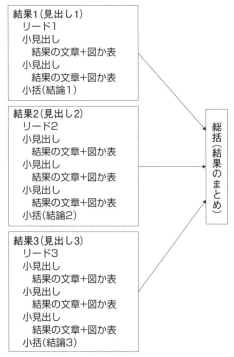

図 5-1　コーディング・シートによる内容分析の結果の構成

5.1.5　具体例を記載する

　コーディング・シートによる内容分析に限ったことではないが，内容分析では一般には知られていないテレビ番組などを研究対象とすることがある。その一方で，内容分析のあり方は情報の"質"をそのまま活かすことは稀である。また，データを統計的に処理することを目指す研究の場合，情報の質をコード化することになる。統計的な手法により結果が提示される場合，結果はよく整理されており説得力があるかもしれない。しかし，理路整然と結果が数的データとして提示されるがために，論文に現実味がなく却ってよく理解できないということもあるのではないか。

　広く知られている凶悪な犯罪報道やアニメ番組について内容分析を行ったとしよう。誰もが知っている事件は当然，オーディエンスに与える社会的インパクトは大きく，社会問題となるはずである。そのような事件についての報道が見事にコーディングされ，適切に統計処理が行われ結果が数字で示されることに，研究として何の問題もない。見事な研究であると賞賛されるかもしれない。しかし，研究論文の読み手にとってはどうであろうか。内容分析や社会科学的な研究手法に精通した研究者であっても，後にこの研究内容を思い出すことは難しく，時として研究意義を判断することも難しいかもしれない。以上のような理由から，筆者は研究対象とする報道内容や番組内容などについて，問題において概要を述べるだけではなく，「結果」においても具体例を記載することを推奨する。

　具体例の挿入については，橋元（1998）が別の観点から取り上げるべきであると主張している。橋元は，内容分析によって導かれる数量的な結果は，ある現象の１つの側面にすぎないので，その指標を仮説の傍証とすることは構わないが，基本的に現象の背後の原因について十分考察する必要があると述べている。さらに，その際には，量的分析の素材となった題材自体にも立ち返り，いくつかの具体例を示すべきであると主張している。

　ただし，具体例をこのように記載すべきという決まりはなく，研究者自身が判断すべきであるが，いくつか例を挙げておく。事件報道の内容分析研究については，小城（1999a, 1999b, 2003）による神戸小学生殺害事件の新聞報道分析が参考になる。

> Points!
> 結果を書く際は
> ① 構成を吟味し，見出し・小見出し，リード，小括を活用する。
> ② 具体例を記述することを躊躇しない。

5.2　考察に書くこと

　既に述べたように，コーディング・シートによる内容分析では膨大な量のデータを扱うことが多いため，「結果」において仮説や研究課題の検討を行うだけでなく，そこから導き出される“結論”を提示することもある。だからといって，“考察”を省略することや愚かにすることはできない。本節では“考察”に書くべきことを解説する。

5.2.1　考察の構成とゴール

　考察に含めるべきことは，研究目的とその結論，さらに結論に関する解釈，予期していなかった新たな知見とそれに対する解釈，研究の学問的・社会的意義，今後の展望などであり，書くべきことは多い。学問分野によって多少の違いはあるが，実験・調査による研究と同様に論を進めればよいのである。この点は KH Coder による内容分析の研究においても同様である。

　また，考察が目指すべきゴールは研究結果の一般化である。内容分析は網羅的な研究であることは珍しく，複数の条件により絞り込んだ新聞記事やテレビのニュース報道，テレビ番組などを研究対象とすることが多いため，研究結果の一般化を試みることは難しいと思われる。それでも，具体的な研究結果から示唆されることを一般的・抽象的なレベルに発展させることを目指そう。

　以下，考察に書くべき内容について順に説明する。

5.2.2　研究目的とその結論，それに加えて解釈

　あらゆる研究についていえることであるが，考察には問題（意識）に対する答えが書かれていなければならない。これは，筆者が毎年，ゼミ生たちに話していることであり，自分自身にも言い聞かせていることでもある。問題（意識）

では研究目的を導き出し，それを達成することを可能にするための研究仮説や研究課題を具体的に提示したはずである。その具体的なことに対する答えを考察ではまず述べる。できれば目的とセットで結論，すなわち研究で明らかにされたことを簡単に記述するとよい。

　それらについて，仮説や研究課題ごとに先行研究と一貫しているか否かとその理由，社会状況や時代変化との関連性などを検討し解釈を述べる。また，自分の研究で依拠している理論・モデルによって研究結果が説明できるか否かも検討する。研究目的とは関係ない新しい発見についても同様のことを書くとよい。その際，蛇足かもしれないが，それらの研究目的・結論・解釈をトピックに分け，節や項にするとよい。また，節などのタイトルは「研究課題１について」などではなく，「主人公の性役割描写の時代変遷」などの中身がわかるものの方が望ましい。

5.2.3　研究の学問的意義

　いかなる研究も学問に対する貢献がなければならない。内容分析による研究を行うに当たり，先行研究のレビュー，依拠する理論・モデルの検討を十分に行ったはずである。したがって，先行研究を凌駕する成果を学問的貢献として提示することができる。既に前項の研究結果の解釈において，過去の研究知見との類似点・相違点に言及し，結果が異なる場合にはその理由について論じているはずである。内容分析において先行研究の結果と自分の研究の相違は，多くの場合現実社会との関係に帰することがきるだろう。つまり，社会の変化，社会制度の変化，社会制度や文化の違いによって説明し，論じることが必要である。

　また，依拠する理論・モデルについては，自分の研究結果をうまく説明できない場合，理論・モデルの修正をするのに十分な材料があれば，理論・モデルの精緻化を提唱できる。ただし，１つの研究で理論やモデルの修正ができることはほとんどない。ましてや新しい理論・モデルを提唱できるほどの材料があることは稀であろう。したがって，"そのような可能性がある"ということを主張すればよい。

5.2.4　研究の社会的意義

　第2章において，内容分析による研究には特に社会的意義がなくてはならないと述べた。内容分析が研究対象とするマス・コミュニケーションをはじめとする様々なコミュニケーションは，私たちの日常生活や社会問題と密接な関係にあるため，内容分析は社会問題と切っても切れない関係にあることが多いからである。当然，内容分析は社会問題との関連性を十分考慮したものでなければならない。また，論文の問題（意識）では，"なぜこの研究を行う必要があるのか"を社会問題との関係で論じたはずである。したがって，自分が行った内容分析が論文中で争点となっている社会問題に対してどのような意味を持つのか，すなわち研究の社会的意義を考察の中で明確にし主張すべきである。もちろん1つの内容分析によってある社会問題が完全に解決されることは望めないが少なからず貢献できることがあるとポジティブに考えよう。

　また，内容分析によって明らかにされたメディアで描かれている世界と現実世界との関係について論じることも可能である。メディアで描かれている世界と現実世界は一致しないことが多い。なぜ一致しないのか，一致しないことによる弊害などに焦点を当てることができる。これらの点は研究の主眼が"メディアが作り出す虚構"にある場合には，特に論じる責任がある。

5.2.5　今後の展望

　研究の学問的意義と社会的意義は，自身の研究の成果を正当に評価することである。論文の中で自分の研究の良い点を評価することは大切なことである。それに加えて，今後，この研究をどう発展させていくべきかを明確にする必要がある。それが「今後の展望」である。そのためには，まず，研究で明らかにできなかった点およびその理由を明記しよう。また，今回の内容分析の結果をどのように活用すれば，研究を発展させることができるかを書こう。例えば，オーディエンスへの影響を明らかにするために，内容分析の研究結果をどのように活用できそうかなどを記述すればよい。

5.2.6 内容分析という方法論に対する貢献

"内容分析"という研究方法による研究は近年増えていると感じるが，それでもなお研究者によっては馴染み深いものとはいえない状況にあるのではないか[14]。日本の大学では内容分析の実習が開講されているケースが少ないことはそのよい証拠であろう。ということは，内容分析という研究方法は，今後も発展する可能性があるのではないか。だからこそ，内容分析という方法論に対して自分の研究がどのような貢献ができるかを考察に書いてもよいと思う。

先行研究には見られない斬新な方法を少しでも使用したのであれば，そのことについて書けばよい。あなたの研究でこれまでの内容分析の方法に不備が見つかったのであれば，それを指摘すればよい。このように内容分析という方法によって多くの研究者が研究を重ね，さらに方法論についても議論を積み重ねることで，内容分析という方法論は洗練されていくことであろう。

Points!
考察には，問題の答えを書き，その研究の特長と今後の意気込みを述べる。
① 研究目的と明らかになったことをセットで示し，解釈を示す。
② 研究の良いところとして，学問的意義と社会的意義を述べる。
③ 今後の意気込み・期待として，今後の展望を述べる。
④ できれば方法論に対する将来への提言を書く。

---

14 リフら（Riffe et al., 2014）によれば，1971〜1995年の25年間にJournalism & Mass Communication Quarterly に掲載された論文のうち研究方法が内容分析であったものは6%から35%を占めるようになったという。日本でも今後，内容分析による研究が増加することが予想される。

第Ⅲ部
KH Coder による内容分析研究

第6章

KH Coder による内容分析の手続き

6.1　計量テキスト分析が目指すもの

　計量テキスト分析とは，テキスト型（文字型）データを計量的に整理，分析する内容分析であり，以下のような定義がある。

　　インタビューデータなどの質的データ（文字データ）をコーディングによって数量化し計量的分析手法を適用して，データを整理，分析，理解する方法（秋庭・川端, 2004）

　　計量的分析手法を用いてテキスト型データを整理または分析し，内容分析（content analysis）を行う方法（樋口, 2020）

　計量テキスト分析では，研究対象における①出現頻度の高い概念（語），②概念間（語と語）の関係，語が用いられる文脈，を明らかにできる。しかも，これらを明らかにする際に，研究者の持つ理論や問題意識がほとんど影響しないで済むのが特長である。なぜなら，計量テキスト分析は，コンピュータを用いて行われることがほとんどであり，英語圏では 1960 年代後半よりコンピュータを用いて，同一文書中に頻繁に出現する言葉のグループや，共通する言葉を多く含む文書のグループを自動的に多変量解析によって発見・分類するという伝統があったからである。

　コンピュータを用いて行う計量テキスト分析の 1 つが，樋口耕一氏が開発し改良を重ねているテキスト，すなわち文字情報について計量的に分析するためのソフトウェアである KH Coder である。Windows 版については無料提供，

Mac 版については 1 ライセンスにつき 3,980 円で頒布されている[15]。

　計量テキスト分析で明らかにできること，適している研究対象は，コーディング・シートによる内容分析とは異なる。では，計量テキスト分析において，研究者の持つ理論や問題意識などのいわばオリジナリティは無用の長物なのであろうか。そのようなことはなく，KH Coder ではコーディングルールを作成し，研究者の理論や仮説の検証や問題意識の追求を行うことができるとされている（樋口, 2020）。

　KH Coder による内容分析を行う場合，コーディング・シートによる内容分析とは異なる研究計画の立案や準備が必要である。そのことがわかるように以下で説明する。

6.2　研究計画の立案

6.2.1　研究対象の選定とその入手方法の確認

　計量テキスト分析で研究対象とするのは，テキストデータ（文字情報，文章）である。例えば，新聞記事，新聞記事のタイトル，動画やテレビ番組のテロップ，手紙，日記，Twitter への書き込み，インタビューの音声記録をテキスト化したもの，質問紙調査の自由記述欄に記入された内容，教科書の文章，歌詞，公文書，ドラマや映画のセリフをテキスト化したもの，などである。

　他方，コーディング・シートによる内容分析では研究対象となる動画・映像での登場人物の表情，写真，絵，服装，場面，登場人物やナレーターの属性などの文字情報以外のもの，文字情報にできないものは，計量テキスト分析の研究対象とはならない。この点についてはよく理解したうえで KH Coder による内容分析の研究対象を決定すべきである。

　また，研究対象とする情報あるいはデータである文字情報をどのように入手できるかを確認すべきである。ある特定のテーマについての新聞記事について計量テキスト分析による研究を試みる場合，新聞記事をデータとしてどのように入手できるかを確認する必要がある。新聞の縮刷版などから自力で入力せざ

15　Web ページ（https://khcoder.net/）にアクセスすれば，最新版の Windows 版のソフトウェアをダウンロードすることが可能である。また，Mac 版を購入することもできる。

るをえないといった状況はできるだけ避ける方がよい。幸い各大学では新聞の
テキストデータを利用できるシステムを導入していることがほとんどであろ
う。また，ハッシュタグ（＃）を活用し Twitter の書き込みを収集することも
できる。KH Coder で計量テキスト分析を行うためには，データを Excel ファ
イルで用意する必要がある。この点について次の項で説明する。

　なお，KH Coder は膨大な量のデータを処理することが可能であるため，研
究対象となるデータの中からサンプルを抽出することを検討せずに全数調査を
行うことをお勧めする。全数調査を行うことで，より精度の高い分析結果を得
ることができるだろう。

6.2.2　データの準備

　KH Coder ではデータをプロジェクトと呼ぶ。覚えておこう。そしてその
データ，いやプロジェクトは既に述べたように，Excel ファイルで用意しなけ
ればならない。つまり，ネット上のデータを CSV 形式で保存する，Excel の
画面で入力する必要がある。例えば，平成を代表する日本のアイドルグルー
プ SMAP の歌詞の時代変遷を調査するとしよう。1 行目のそれぞれの列（A
列，B列，……）に入力する変数名として「歌詞」などを入力する。2 行目から
A 列には順に 1 曲目の歌詞，3 行目には 2 曲目の歌詞……のように，入力する。
この際，読点（。）を気にすることなく，1 つのセルに 1 曲ずつ入力すればよい。
そして，B 列以降には必要であれば外部変数を入力する。曲の時代変遷を調べ
たいのであれば，それぞれの曲が発表された年代として 1990 年代，2000 年代，
2010 年代といった情報を入力すればよい。なお，KH Coder のプロジェクト作
成とその読み込み方法については，この章の「6.3　プロジェクトの作成」（pp.
80-86）でより詳細に説明する。

6.2.3　分析計画と研究スケジュールの作成

　KH Coder による内容分析でもコーディング・シートによる内容分析と同じ
ように論文・報告書の執筆や論文発表までを視野にいれた研究スケジュールを
立てておくとよい。ただし，後者とは異なり，Excel ファイルでプロジェクト
用のデータの準備ができてしまえば，人手を必要とすることはほとんどない。

むしろ KH Coder で行えるどのような分析を行いたいかを決めておく方がよいであろう。この章の「6.4 KH Coder での分析」（pp. 86-100）で説明するので，どのような分析を行えばよいかあらかじめ考えておこう。

また，KH Coder の Web ページでは主な機能の分析の手順 [16]，KH Coder を用いた多くの研究論文・学会発表や書籍のリストを閲覧することができる。興味のある論文などに当たってみるとどのような分析が行われているのかがわかる。後述するが，KH Coder による内容分析を行った場合には，こちらの Web ページに研究者自身が自分の研究を登録することができる。

さらに，KH Coder の Web ページには夏目漱石の『こころ』を題材にどのような分析が可能で，そこから何がわかるかを解説するチュートリアルが用意されている [17]。このチュートリアルに従って分析を一通り体験すれば，KH Coder の使い方と各分析からわかることを理解することができるだろう。『こころ』を題材としたチュートリアルで樋口氏は，「物語最後の『先生』の自殺が突然で不自然だという批判はもっともか？」「『こころ』の人間観，人間の罪とは？」という問いに答えることを目的として分析方法を解説している。

6.3　プロジェクトの作成

しつこいと思われるかもしれないが，KH Coder ではデータのことをプロジェクトと呼ぶ。プロジェクトを作成し前処理を行って初めて分析に進むことができる。まずはプロジェクトの作成方法を説明しよう。

プロジェクトは Excel に入力するとよい。図 6-1 [18] のように A 列にテキスト（文字情報）を入力する。テキストに関連する重要な情報がある場合は，外部変数として B 列以降に入力する。図 6-1 は筆者が過去に行った Web 調査データの一部であり，PTA 役員を経験した専業主婦の母親に働く母親と一緒に役員をして良かったことを自由記述で回答してもらったものである。

16　https://khcoder.net/diagram.html
17　https://khcoder.net/tutorial.html
18　表として示すこともできるが，Excel で入力するイメージを掴みやすいようにスクリーンショットの画面を掲載している。

	A	B	C	D
1	良かったこと	グループ		
2	仕事を効率的にすすめられる	1		
3	なし	2		
4	土日等の仕事のない日の活動を、引き受けて下さった。代わりに	1		
5	仕事をしている母親は、PTA活動における仕事もきちんとしている	3		
6	まったくない	3		
7	特になし	1		
8	普段見られない小学校の様子や事情が分かった。広報委員だったの	2		
9	特になし	1		
10	それぞれお互いを理解し合えて親しくなった	1		
11	テキパキとしていて便りになった。	2		
12	仕事の話が聞けたこと	2		
13	よくも悪くも学校の内部を多少知れたこと	3		
14	会社を辞め社会から遠ざかって久しかったが、委員長以下とても仕	2		
15	仕事しながらでも役員が出来るとわかった。	2		
16	休日の行事の仕事をしてくれた。	3		
17	テキパキしていて無駄が無いこと。効率重視で合理的だったこと。	2		
18	合理的で事績が良く　私語も無く最短時間で活動を終了する事が出	2		

Sheet1

図 6-1　Excel で用意するプロジェクト（データ）の入力例
出所：有馬・下島・竹下による共同研究のデータより

　1 行目には A 列と B 列に入力する内容を記してある。いわゆる変数名と考えてもらえればわかりやすい。A 列の 2 行目以降には自由記述の回答が 1 人分ずつ入力されている。B 列のグループというのはここには掲載されていないデータを用いて専業主婦を別の統計ソフトでクラスタ分析したもので，その結果それぞれどのグループに所属しているかを表している。KH Coder で分析する際にグループによって自由記述内容に特徴があるかを明らかにしたいと思い，外部変数として入力した。

　このようなデータを作成できたら，Excel ファイルとして保存する。ただし，データが膨大な場合には CSV ファイルとして保存する。保存したファイルをKH Coder で読み込み分析できるようにするのが次の段階ですべきことであるが，その前にテキストデータについて必要があれば補正をしておくとよい。今回取り上げるデータを例として説明すると，「パソコン」「PC」「pc」といわゆるパソコンに関する表記が複数あった。また PTA の表記も半角の人もいれば全角の人もいた。このような表記の揺れについては，KH Coder でファイルを

読み込む前に統一した表記にしておくとよい。KH Coder はそうした語をすべて異なる語とみなしてしまうからである。

Points!
データは Excel に入力する。
1 行目に変数名を，2 行目以降にデータを入力する。
A 列にはテキストデータを，B 列以降には外部変数を入力する。
KH Coder で Excel ファイルを読み込む前に表記の揺れを修正しておく。

KH Coderを起動したら，
①「プロジェクト」をクリックし，「新規」をクリック。
※2回目以降は、「新規」ではなく「開く」をクリックし既存のプロジェクトを開く。

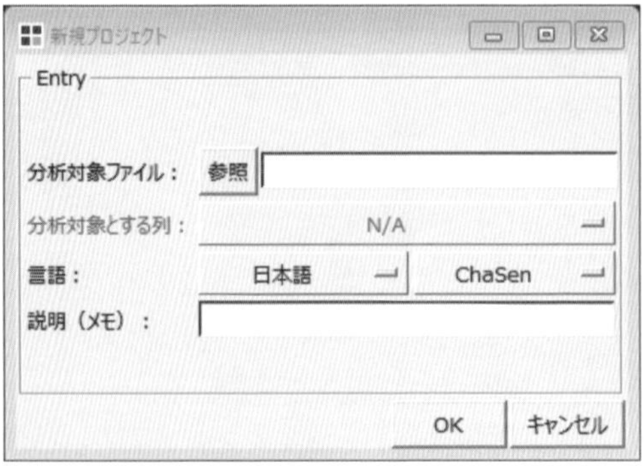

②「参照」をクリックし，作成したファイルを開く。その際、「分析対象とする列」はテキストファイルを入力した列であることを確認し，言語も該当のもの（おそらく日本語）となっていることを確認する。
③OKをクリック。

図 6-2　KH Coder のプロジェクト作成画面

　ここまで終わったら，KH Coder でデータを読み込む。そのためには，まず KH Coder を起動し「メニュー」の「プロジェクト」をクリックする。「新規」をクリックし分析対象ファイルを読み込むわけだが，「参照」をクリックし自分が KH Coder のプロジェクト用に作成した Excel ファイルもしくは CSV ファイルを指定する。右下の「OK」をクリックする前に「分析対象とする列」はテキストを入力した列の 1 行目に入力した文言，「言語」は「日本語」が選択されていることを確認しよう。なお，次回以降は既存のプロジェクトを指定することになるため，「メニュー」の「プロジェクト」から「開く」をクリックし，ファイルを選択する（以上，図 6-2 参照）。

Points!
　①　データの新規読み込みは，メニュー → プロジェクト → 新規 → 参照
　②　2 回目以降のデータの読み込みは，メニュー → プロジェクト → 開く

　KH Coder でプロジェクトを作成することができたら，次に行うべきことは前処理と呼ばれる作業である。前処理はテキスト中から自動的に語を切り出し，様々な分析の準備をするプロセスで，テキストデータを分析できるようにデータ化する処理である。そもそも KH Coder では語の切り出しによってデータが整理される。つまり，助詞や助動詞を省いて単語が抽出される。例えば，「今年の冬は寒い」という文章からは，「今年」「冬」「寒い」という 3 つの語が抽出される。また，基本形に直した形で語が抽出される。例えば，「データが多ければ分析は難しいだろう」という文章からは，「データ」「多い」「分析」「難しい」という 4 語が抽出されるが，「多ければ」は「多い」に，「難しいだろう」は「難しい」という基本形で抽出されることになる。

　このようにして切り出された語について，各単語の出現数がカウントされ，語の用いられ方が整理されるのである。語の用いられ方は，わかりやすくいえば文脈を確認できるということである。そのためには以下のような処理を行う。まず，「メニュー」の「前処理」をクリックし，「テキストのチェック」を行う。特に問題なければ，「前処理」から「語の取捨選択」をクリックすると図 6-3 が現れる。「品詞による語の選択」では，既定値として抽出すべき品詞にチェック（✔）が入っている。選挙報道の内容分析で候補者名などの「代名詞」を抽

出する必要があるのであれば，チェックを入れればよい。抽出しなくてもよい品詞にチェックが入っていれば，チェックを外す。

　次に「強制抽出する語」を図 6-3 の中央のセル（強制抽出する語の指定）に列挙する。これは自分でテキストを読み判断してもよいが，1 つ良い方法がある。それは，「前処理」から「複合語の検出」を行うのである。「TermExtract を利用」と「茶筌」の 2 つのオプションが用意されている。筆者がそれらを試してみたところ，多少異なるものが抽出されたがほぼ同じであった。抽出された複合語（お母さんたち，PTA 役員，OA 機器……）を「強制抽出する語の指定」の欄にコピー＆ペーストすればよい。そうすれば，PTA と役員，OAと機器などが単語単位で抽出されるのではなく，これらは PTA 役員，OA 機器という塊で強制的に抽出されるようになる。ただし，樋口（2020）は，強制抽出する語の指定は必要最小限にすべきであると述べている。それは，いたずらに細かく指定することで，時間と労力をかけすぎることになり，結局は別々に抽出されたとしても分析結果に影響しないことが多いという理由による。ともかく「どうしてもこれは……」というものだけを強制抽出し，次へ進むのがよいだろう。

　また，「使用しない語の指定」を行うこともできる。今回取り上げているのは，PTA 役員を働く母親と一緒にやって良かったことに関する専業主婦の母親たちの自由記述回答であるが，「特になし」という回答も見受けられた。「特にない」という回答については，今回特段取り上げる必要はないと思われるので，図 6-3 の「使用しない語の指定」で指定することもできる。なお，「特にない」と同義の回答として，「なし」「特にありません」「何もありません」などもあったため，それらを「使用しない語の指定」に列挙すれば，そういった語は分析対象とはならない。ただし，今回は「特にない」という趣旨の言葉を使用しない語として指定することはせず，強制抽出する語とした。専業主婦のグループとの関連を検討したいと考えたからである。

　ここまで終わったら，「前処理」から「前処理の実行」をクリックする。この前処理をしないことには，KH Coder で分析はできない。換言すれば，KH Coder で分析できるデータに変換するために「前処理の実行」を行うのである。

図 6-3　KH Coder での前処理の画面

　万が一，「前処理の実行」後に，強制抽出したい語句が出て来たり，使用し
ない語を思いついたりした場合は，再度該当するプロセスの処理を行ったうえ
で，「前処理の実行」を行う。要するにデータを適切な形に整え，上書き保存
すると考えればよい。ここまで終わって，初めて KH Coder で分析するため
のデータ，いやプロジェクトが完成する。次はいよいよ分析である。

　その前に1つだけ忘れずにやっておいてほしいことがある。それは，前処理
の段階で行った処理，すなわち「品詞による語の選択」「強制抽出する語の指
定」「使用しない語の指定」を記録するということである。「品詞による語の選
択」については規定値とは変えて選択することにした品詞あるいは選択しない
ことにした品詞があれば，それについて理由と共に論文の中で説明できるよう
にしておく。また，強制抽出した語，使用しない語についてもそれぞれ具体的

に論文に語を挙げる。これらを記述する箇所は,「方法」もしくは「結果」の
冒頭がよいだろう。

Points!
　前処理をしないと分析できない。
　① 前処理→テキストのチェック
　② 前処理→語の取捨選択→品詞による語の選択
　③ 前処理→複合語の選択→ TermExtract を利用 or 茶筌→強制抽出する語の指
　　 定の欄にコピー＆ペースト
　④ 前処理→語の取捨選択→使用しない語の指定
　⑤ 前処理→前処理の実行

6.4　KH Coder での分析

　KH Coder で行うことのできる分析については,KH Coder の Web ページ
の「KH Coder の主な機能と分析手順[19]」を参照するとよい。分析の手順からア
ウトプットまで見ることができる。ここではその中でもよく使用するであろう,
①頻出語のリストアップ,②頻出する語の文脈確認,③頻出語の共起ネットワー
クの作成, ④外部変数と語の関連性の検討, ⑤コーディングルールの作成とそ
の後の分析の手順, を説明し出力結果の読み取り方を見ていく。なお, 分析は
すべて, メニューバーの「ツール」から行う。

6.4.1　頻出語のリストアップ

　まずは, 分析対象となっているテキスト中にどのような語がどのぐらい用
いられているかを把握しよう。そのためには「ツール」「抽出語」「抽出語リス
ト」の順にクリックする。多い順に品詞付きで図 6-4 のようなリストが出力さ
れる。このリストについては, 図 6-4 の右下の「Excel 出力」をクリックすれ
ば, Excel ファイルに出力し保存することができる。特にこだわりがないので
あれば, Options で「抽出語リストの形式」を「品詞別」から「頻出 150 語」

19　https://khcoder.net/diagram.html

図 6-4　抽出語リストの出力結果
出所：有馬・下島・竹下による共同研究のデータより

に変えることをお勧めする。そうすることで多い順にリストアップされた形式
で Excel に保存される。なお，Excel ファイルに出力する際には，その都度ファ

イル名を中身がわかる名称にして保存するとよい。KH Coder では抽出語リストの他にもエクスポート可能な出力結果がいくつもあるからである。

　図 6-4 を見ると,「仕事」という語が群を抜いて多く 48 回使用されており,次いで「特になし」の13回,「活動」「人」(いずれも11回) であることがわかる。しかし,この出力結果からは専業主婦の母親がワーキングマザーと PTA 活動を一緒にしたことについて,「仕事」をなぜプラス要因として評価しているのか, ここでいう「仕事」とはどのような内容なのかまでかはわからない。したがって, ここで図 6-4 の頻出語リストから勝手な想像をするのは差し控えるべきで, 次の頻出する語の文脈確認を行い解釈するようにしよう。

　また,「時間」「効率」「テキパキ」といった語も上位にあり,ワーキングマザーは専業主婦の母親たちから PTA 活動への取り組み方を肯定的に評価されていると思われる。この点についてもこれらの語について文脈確認 (KWIC コンコーダンス) を行い, 解釈が正しいか確認する。

Points!
　抽出語をリストアップするには, ツール→抽出語 → 抽出語リスト
　抽出リストを保存するには, Excel 出力 → 頻出 150 語
　ただし, 解釈は KWIC コンコーダンスをしてから行う。

6.4.2　頻出する語の文脈確認

　図 6-4 の中で気になる語, 例えば, 最も多く用いられていた「仕事」をクリックすれば, 図 6-5 が表示される。これは「KWIC (Key Word in Context) コンコーダンス」と呼ばれる機能で, 他の分析を行った時にも任意の語をクリックすればできる。とても便利な機能であるし, KWIC コンコーダンスを行うことで, その語が用いられていたオリジナルのテキストに行きつくことができ, どのような文脈でその語が用いられることが多いのかを検討することができる。結果の文章を書く際には具体的な記述内容を引用することが望ましいので,この機能を重宝するとよい。具体的な記述内容の論文での引用については, 計量テキスト分析によらないインタビュー調査の論文を参考にすればイメージが湧くのではないか。

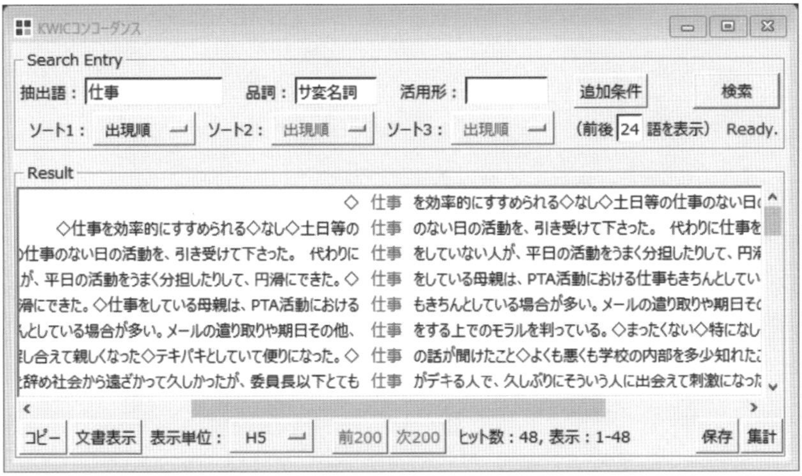

図 6-5 KWIC コンコーダンスの出力結果
出所：有馬・下島・竹下による共同研究のデータより

> Points!
> KWIC コンコーダンスは気になる語をクリックするだけ
> KH Coder のあらゆる場面で使用可能

　KWIC コンコーダンスで「仕事」をクリックすると図 6-5 が現れた。専業主婦の母親たちは「仕事」を大きく分けて2つの意味で使用していると解釈できる。1つはワーキングマザーの本来の「仕事」を指し，「仕事」のない土日のPTA 活動を引き受けたり，仕事で培ったモラルが PTA 活動にもよい影響を与えていたなどである。一方，PTA 活動のことを「仕事」という言葉で表している場合もあった。つまり，PTA 活動も立派な仕事であり，仕事をしている人は PTA の仕事もきちんとやってくれた，PTA の仕事もそつなくこなすことができた，効率的に行うことができたと専業主婦の母親たちはワーキングマザーのことを肯定的に評価していたのである。

6.4.3　頻出語の共起ネットワークの作成
　共起ネットワークを作成すれば，各語の出現パターンがその多少と共に図示される（図 6-6）。同一文章中（Excel ファイルで同じセルに入力されたものと

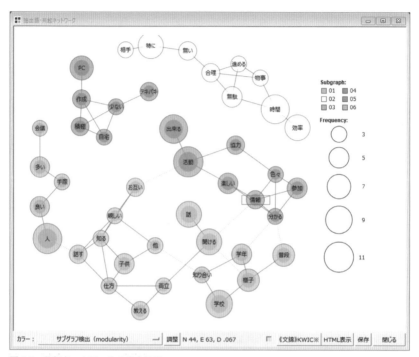

図6-6　共起ネットワークの出力結果
出所：有馬・下島・竹下による共同研究のデータより

いう意味）に一緒に使用されている語が図示されるのである。図6-6からわかるように，一緒に出現することが多い語を視覚的に把握することができるため，ある語がどのような文脈で使用されるかをかなりの程度正確に推測できるのではないか。ただし，推測で結果を書くわけにはいかないので，ここでも任意の語をクリックしKWICコンコーダンスを実行し，どのような文脈で語が使用されているのかを確認する。

　共起ネットワークの図において，円の大きさはその語の出現頻度の多少を表し，大きければ頻出語であるという意味である。円と円を結んでいる線（edge）は，同一文章中，すなわちExcelの同一セル内でよく使われていることを表している。画面の下にある「調整」をクリックすれば，共起ネットワークに用いる語数を「上位60」か「上位120」のいずれかを選択できる。

　図 6-6 の右上のレモン色のネットワーク（Subgraph 02）には「効率」「時間」「無駄」「進める」「合理」などの語があり，ワーキングマザーと一緒に PTA 活動をして良かったことは，「時間を効率的に（使えた）」「合理的に無駄なく（活動を）進めることができた」といったことであると思われる。また，左上の赤のネットワーク（Subgraph 04）には「テキパキ」「少ない」「積極」「自宅」「作成」「PC」という語がある。「自宅でできる PC で作成するものを積極的に引き受けてくれた」といった意見ではないかと想像できる。しかし，「少ない」はどのような文脈で使われていたのか検討がつかない。上記の想像が正しいかもわからないので，KWIC コンコーダンスで確認する。

　KWIC コンコーダンスで確認したところ，右上のレモン色のネットワーク（Subgraph 02）には「限られた時間の中で活動してくれているので，物事を効率的に進めてくれる」「無駄を省き合理的に物事を進められた」などの記述があることがわかった。また，左上の赤のネットワーク（Subgraph 04）には「仕事で参加できないけれど，PC などの手紙の作成は全てやってくれました」「普段部会に出られる機会が少ないので，文章の作成などを自宅に持ち帰って積極的にやってくれた」といった記述があった。

　以上のようにように共起ネットワークでは円の色，円と円を結んでいる線とその太さから結びつきの強さを読み取り，語から記述内容を想像し，KWIC コンコーダンスで文脈を確認すればよい。

　KH Coder では，他にも語の共起を探索する方法として，自己組織化マップ，MDS（多次元尺度構成），クラスタ分析があるので，いろいろ試してみるとよいだろう。筆者も試してみたが，共起ネットワークが最もわかりやすいと思うので，まずは共起ネットワークの作成を強く勧める。なお，自己組織化マップは実行に要する時間が長く，筆者は途中で断念した。

Points!
　共起ネットワークは，語と語の結びつきを図示してくれる。
　ツール → 抽出語 → 共起ネットワーク
　KWIC コンコーダンスで文脈を確認する。

図 6-7　外部変数と見出しの画面
出所：有馬・下島・竹下による共同研究のデータより

6.4.4　外部変数と語の関連性の検討

　プロジェクト作成のところで説明したが，外部変数とは，KH Coder では分析対象となっているテキスト（文字情報）そのものではないが，それと関連する情報のことを指す。例えば，ドラマの登場人物の恋愛に関するセリフの特徴を KH Coder で分析する際に，セリフを文字情報に変換したものはテキストである。セリフの特徴と登場人物の性別や年齢などの属性との関連を検討するとなると，それらの属性は外部変数である。

　それぞれの外部変数に特徴的な語をリストアップするためには，「ツール」「外部変数と見出し」の順にクリックし，「変数リスト」から該当する外部変数（今回はグループ）を選択し，「ラベル」を入力する。今回は専業主婦の人たちがPTA の一般役員を免除することについて，第 1 グループから順に寛容度が大，中，小であることが別のデータ分析からわかっているので，それがわかるグループ名を入力し「ラベルを保存」した。また，図 6-7 の右下で「文」となってい

	A	B	C	D	E	F	G	H
1								
2	寛容度 大			寛容度 中			寛容度 小	
3	仕事	.155		仕事	.220		特になし	.105
4	活動	.091		時間	.089		人	.073
5	役員	.075		聞ける	.076		少ない	.060
6	PC	.073		様子	.064		普段	.057
7	学校	.071		出来る	.062		話	.056
8	効率	.071		多い	.051		効率	.055
9	特に	.071		無駄	.051		出来る	.054
10	特になし	.064		良い	.051		高い	.040
11	やり方	.054		PC	.050		作業	.040
12	強い	.054		何もなかった	.039		短時間	.040
13								

図 6-8　各グループの特徴語の Excel 表示（PTA 調査から）
出所：有馬・下島・竹下による共同研究のデータより

る箇所は元々「H5」となっているので，「文」を選択する。

　最後に「特徴語」をクリックし「一覧（Excel 形式）」を選択すれば，図 6-8[20] が作成される。図 6-8 には，専業主婦の各グループに特徴的な語が上位 10 語ずつリストアップされており，Jaccard の類似性測度から各グループとリストアップされた特徴語の関連の強さがわかる。この測度は 0 から 1 の値をとり，値が 1 に近いほど関連が強いことを表す。

　図 6-8 から，PTA 役員の免除に対する寛容度が「大」と「中」のグループに特徴的な語は「仕事」「PC」であるとわかる。「仕事が早い，手際がよい」「仕事をしていても，きちんとできる範囲でやってくださったので，逆に偉いなぁ」とワーキングマザーの PTA での活動ぶりを評価していることがわかった。また，「パソコンスキルが高い」「パソコンの操作が上手で完璧な資料を作り上げてくれたこと」といった記述があり，ワーキングマザーならではのスキルが評価されていた。他方，寛容度が「小」のグループの母親たちは「特になし」との結びつきが最も強く，ワーキングマザーと一緒に活動して良かったことがないと回答した人が多いと予想される。

　以上のことは，対応分析によって視覚的に調査することもできる。そのため

20　表を示すこともできるが，実際に作成される Excel 画面をそのまま掲載した。

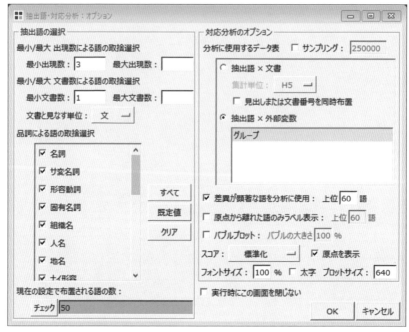

図 6-9　外部変数と語の対応分析の画面
出所：有馬・下島・竹下による共同研究のデータより

には「ツール」「抽出語」「対応分析」の順にクリックし，「抽出語×外部変数」
において語との関連を検討する外部変数である「グループ」を選択し，「OK」
をクリックすればよい（図 6-9）。すると，図 6-10 が作成され「外部変数」で
ある専業主婦の母親の所属グループが赤字で示される。原点（0, 0）付近には
特徴のない語が集まっており，グループと距離の近い場所に示されている語は，
そのグループと関連が深いことを意味する。寛容度が「小」の母親たちと関連
の深い語は原点から左上に向かって，寛容度が「大」の母親たちと関連の深い
語は原点から左下に向かって布置されている。寛容度が「大」の専業主婦の母
親たちは，ワーキングマザーとの PTA 活動を通して学年の母親たちあるいは
学年を超えた母親たちと知り合いになったこと，学校の知り合いが増えたこと
を良かったと感じていると推察できる。
　こうした想像が解釈として妥当かどうかは，図 6-10 の気になる語をクリッ

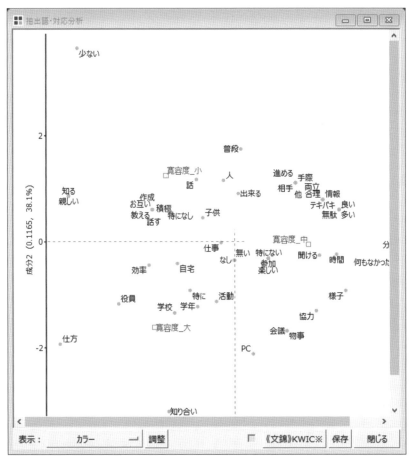

図 6-10　対応分析の出力結果
出所：有馬・下島・竹下による共同研究のデータより

クし KWIC コンコーダンスを実行し，その語が使用されている文脈を確認し
判断する。また，右下の「保存」をクリックすれば図を保存できる。ファイル
名をわかりやすい名称に変更し，任意の場所に保存すれば，後で論文に掲載す
る図として利用できる。

Points!
　語と外部変数の関連を調べるには，
　・外部変数ごとのリストを作成する。
　　　ツール→外部変数と見出し→変数リストから該当外部変数選択→「ラベル」入
　　　力→「H5」で「文」を選択→特殊語で「一覧 (Excel 形式) 作成」
　・対応分析で視覚的に把握する。
　　　ツール→抽出語→対応分析→「抽出語×外部変数」で該当する外部変数をク
　　　リック

6.4.5　コーディングルールの作成とその後の分析

　以上のような分析をしていくうちに，A という語と B という語は同じよう
なことを意味していると感じることがあるだろう。例えば，今回取り上げてい
るデータでいえば，PC，パソコン，IT，ネットは「パソコンを使用した作業」
について言及したものである。また，土曜，土曜日，日曜，日曜日，土日は学
校が「休みの日」を表している。この他にもワーキングマザーとの PTA 活動
を通して良かったこととして，「学年を超えた知り合いができた」「普段聞けな
い話が聞けた」などは「人的交流」に対する肯定的な評価であると判断でき
る。こうした吟味を重ねたうえでコーディングルールを作成することで，KH
Coder では複数の語を同じ概念あるいはコンセプトであるとみなし，そうした
コンセプトを使用して分析ができるようになる。なお，KH Coder ではこうし
た概念・コンセプトはコードと呼ばれる。どのような分析ができるようになる
かというと，それらのコードがどの程度使用されていたかを単純集計で調べた
り，共起ネットワークを作成したり，対応分析ができるのである。ここではコー
ディングルールの作成方法，その後行うことのできる分析としてクロス集計と
バブルプロットの作成を説明する。

　コーディングルールを作成するためには，まず類似語・類義語を抽出しなけ
ればならない。これは根気のいる作業となるが焦らずにやろう。やり方として
は，Excel に出力した頻出語リストに目を通しつつ，KWIC コンコーダンスを
行うかオリジナルのテキストデータを見てよく考えて判断するしかない。メモ
をとり検討を重ねるとよい。

　類似語・類義語とする語を決めたら，コーディングルールを作成する。パソ

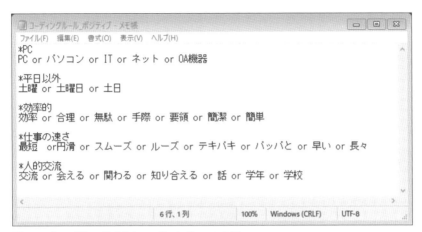

図 6-11　「メモ帳」で作成するコーディングルールの例
出所：有馬・下島・竹下による共同研究のデータより

コンで「メモ帳」を立ち上げ，図 6-11 のように新たに作成する上位の概念を
「*PC」のように入力する。その下の行にそこに含まれる具体的な類似語・類
義語である，PC，パソコン，IT，ネットを「or」で列挙する。その他の概念
についても同様に行い，ファイルに名前をつけて保存する。今回は，「PC」「平
日以外」「効率的」「仕事の速さ」「人的交流」の 5 つのコードを作成した。

　次に，メモ帳に保存したコーディングルールを KH Coder で使用して様々な
分析をする。そのために「ツール」「文書」「文書検索」の順にクリックし，「コー
ディングルール・ファイル」の「参照」からメモ帳のファイルを選択すれば図
6-12 が表示される。新たに加えられたコードをダブルクリックすると該当す

> Points!
> 　コーディングルールは，類似語・類義語を同じコンセプト（コード）としてまとめ
> るときに使う。
> 　① 「メモ帳」にコードごとに類似語・類義語をリストアップ
> 　② ツール→文書→文書検索→コーディングルール・ファイルの参照→コーディ
> 　　 ングルールを作成したメモ帳を選択
> 　③ コードをクリックして元の文章を表示

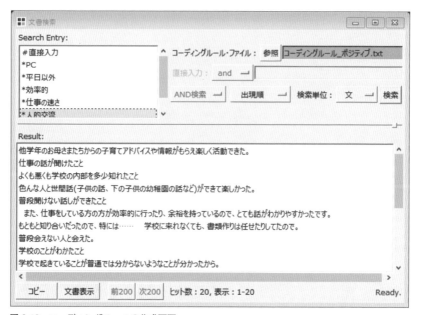

図 6-12　コーディングルールの作成画面
出所：有馬・下島・竹下による共同研究のデータより

るテキスト（元の文章）が「Result」に表示される。図 6-12 では「人的交流」
ダブルクリックしたもので，20 の記述が表示された。

　次に新たに作成された5つのコードの出現割合を専業主婦のグループごとに
見るために，クロス集計を行ってみよう。まず，「ツール」「コーディング」「ク
ロス集計」の順にクリックする。次に「コーディング単位」は「H5」を，「ク
ロス集計」は「グループ」を選択し，最後に「集計」をクリックする。すると，
図 6-13 が表示され寛容度「大」「中」「小」の各グループで5つのコードを含
む記述がどれぐらいあるかがわかる。また，χ^2 値が示されているが，この数
値にアスタリスク（*）が付されていれば，そのコードについてグループ間の
出現割合が異なっていたことを意味する。今回はアスタリスクが見当たらない
ので，どのコードもグループ間で出現割合に統計的に有意な差はなかったとい
うことである。

　続いて，図 6-13 の下の「バブル」をクリックすれば，以上の集計結果をバ

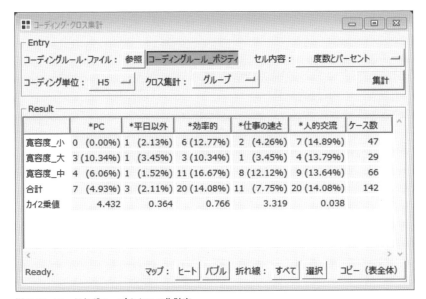

図6-13　コードとグループのクロス集計表
出所：有馬・下島・竹下による共同研究のデータより

ブルプロットで図示できる（図6-14）。χ^2検定は有意ではなかったものの，寛容度によってワーキングマザーと一緒に役員をやって良かったことについての記述内容に特徴があることがわかる。寛容度が「大」のグループの母親たちは「PC」，それが「中」のグループでは「効率的」「仕事の速さ」が特徴となっている。寛容度が「小」のグループでは「PC」のスキルや「PC」で書類を作成するといったワーキングマザーの活動ぶりを評価する記述はなかったとわかる。また，「人的交流」は寛容度にかかわらず肯定的に捉えられている。

> Points!
> 　コードと外部変数の関係をみるためには，
> 　　・ツール→コーディング→クロス集計
> 　　・バブルをクリックすればコードと外部変数の関係を視覚的に把握できる。

　この他にも時系列の変化をみることや外部変数ごとに共起ネットワークを行うことなどができるが，まずはこの章で紹介した分析を一通り自分のテキスト

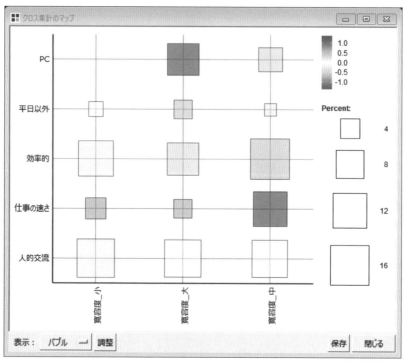

図6-14　グループごとに見たコードの出現割合のバブルプロットの出力結果
出所：有馬・下島・竹下による共同研究のデータより

データについて行ってみるとよい。

第 7 章

KH Coder による内容分析の結果のまとめ方

　同じ内容分析であるが，KH Coder とコーディング・シートによる内容分析の結果を同じように書くことには無理があると思われる。構成を吟味し見出しを活用することは KH Coder による内容分析の結果の執筆においても是非活用してほしいので，第 5 章の「5.1.1　構成の検討」（pp. 65-66）と「5.1.2　結果をいくつかのパートに分け見出しをつける」（pp. 66-68）を参照されたい。本章では KH Coder に特有と思われる結果のまとめ方のコツについて述べる。なお，考察については，コーディング・シートによる研究と同様でよいと思われるので割愛する（「5.2　考察に書くこと」（pp. 71-74）参照）。

7.1. 分析した順番で結果を書く

　KH Coder で行った分析結果については，およそ分析した順番で結果を執筆すればよい。樋口（2020）や樋口氏のホームページで KH Coder の機能や分析の手順が説明されている箇所[21]をよく見てほしい。「段階 1」「段階 2」「随時」と KH Coder で行うことのできる分析がランク分けされている。第 6 章で説明した分析がそれぞれどこにあるかを見てもらえれば，第 1 段階の一番上から始まっているとわかるだろう。

　つまり，KH Coder では「多く出現していた語を確認」し，それらの「語と語の結びつき」を探り，「テキストの部分ごとの特徴」を探り，さらには研究

---

[21]　https://khcoder.net/diagram.html

者が作成したコーディングルールを使用した分析を行うという一連の分析手順が想定されているといっても過言ではない。これは大まかな全体の分析から始め，次第に細かなことを検討し，さらに研究者の問題意識や理論・仮説に基づく分析を行うということであろう。このような順番通りに結果を執筆すれば，大まかな概要から詳細な検討へと論を進めることができる。

　表 7-1 は，KH Coder による内容分析を行った志岐（2015）の「テレビ番組を話題とした Twitter 上のコミュニケーションに関する検討」と岩崎（2021）の「テレビドラマにおける多様な性の時代変化」の結果の構成である。志岐（2015）の「1. 番組内容とツイート件数の推移」「2. 投稿者同士のコミュニケーション」は KH Coder によらない分析結果であるが，彼女が研究対象とした『武器はテレビ。SMAP × FNS27 時間テレビ』に関する Twitter への書き込み内容に関する詳細な検討ではなく，全体的なツイート件数や時系列変化に関する結果である。続く「3. 基本統計量および抽出語の選定」「4. 頻出語について」「5. 各パートに特徴的な語」と進むにつれ，分析する単位も結果もより詳細なものとなっている。「3. 基本統計量および抽出語の選定」では，抽出する品詞や強制抽出する語の選定と前処理，またそれにより抽出された語の数などが示されている。「4. 頻出語について」では番組全体での頻出語上位 100 語に関する分析結果について述べられている。「5. 各パートに特徴的な語」では，投稿されたツイートを番組の経過時間で 6 つのパートに分け，それぞれ投稿内容の特徴を上位 10 語から分析している。

　岩崎さんは第 5 章でも紹介したように筆者のゼミ生であるが，1990 年代以降に地上波テレビで放送されたテレビドラマのうち，からだの性が男性である LGBTs が登場し，同性愛がテーマに含まれるドラマ 10 作品について，①性役割行動，性役割観，性役割同一性に関連するセリフからジェンダー・ステレオタイプを，② LGBTs であることをカミングアウトされた時の他者のセリフと LGBTs に対する他者のセリフから LGBTs に対する態度，の 2 点を KH Coder によって内容分析した。彼女は①ならびに②を LGBTs であることをカミングアウトされた時の他者のセリフと LGBTs に対する他者のセリフの 2 つに分けた計 3 つのプロジェクトを作成し，ドラマの話数区分（序盤，中盤，終盤）と放送年代（1990 〜 2009 年，2010 年以降）を外部変数とすることで，ドラマ内

表7-1　KH Coder による内容分析の結果の構成

志岐（2015）	岩崎（2021）
1．番組内容とツイート件数の推移 2．投稿者同士のコミュニケーション 3．基本統計量および抽出語の選定 4．頻出語について 5．各パートに特徴的な語	1．ジェンダー・ステレオタイプについて 　　（LGBTs の性役割行動，性役割観， 　　性役割同一性に関するセリフを以下の 　　順に検討している） 　　・頻出語とそれらの文脈確認 　　・話数区分と特徴語の検討 　　・放送年代と特徴語の検討
	2．LGBTs に対する他者の態度 　　（LGBTs に対して他者が発したセリ 　　フを以下の順に検討している） 　　①　カミングアウトに対する反応 　　・頻出語とそれらの文脈確認 　　・話数区分と特徴語の検討 　　・放送年代と特徴語の検討 　　②　LGBTs に対する態度 　　・頻出語とそれらの文脈確認 　　・話数区分と特徴語の検討
	3．放送年代と特徴語の検討

と放送年代での①と②の変化についても検討した。

　表7-1 で岩崎さんの結果の構成を確認すると，①のジェンダー・ステレオタイプ，②の LGBTs に対する他者の態度について，それぞれ「頻出語とそれらの文脈確認」「話数区分と特徴語の検討」「放送年代と特徴語の検討」という流れになっており，全体の分析結果から始め，外部変数との関係を分析している。他にも KH Coder を使用した研究論文に当たってみれば，同じような構成となっていることが多いとわかるだろう。

7.2　KH Coder のアウトプットである図表を活用する

　KH Coder というソフトウェアの特長の1つは図や表などのアウトプットが非常にきれい，かつエクスポートしやすいことである。本書においても KH Coder で分析した際に出力された多くの図や表を掲載しているが，作成し直さなければならないものはなかった。非常に便利かつ快適である。

　特に共起ネットワークをはじめとする図は視覚的に非常にわかりやすいものであると感じる。論文執筆時には是非，文書の中に挿入し魅力的な論文に仕上げるようにしよう。ただし，学問領域を超えていえることであるが，論文においては図や表は主役ではなく，あくまでも文章が主であり，図表はそれを補足するためのものである。したがって，結果の文章をしっかり書こう。また，KH Coder では幾度となく分析をやり直すことが多いと思われるので，出力された図や表をエクスポートし保存する際には必ず中身がよくわかり，後日混乱しないファイル名をつけてほしい。

7.3　オリジナルテキストを引用して書く

　KH Coder で内容分析を行うと，分析結果のアウトプットは数字の並んだ表や大小様々な大きさの色の円や四角とそれらをつなぐ線によって図示される。それらの数字や図からわかることとして，特徴的な語や外部変数との関連などを文章で表すことは必要である。しかし，第 6 章でも述べたようにそれらの数字や図から読み取れる内容から一歩踏み込んで結果を読み取り解釈するべきである。そのためには都度 KWIC コンコーダンスを行いオリジナルのテキストデータの記述内容を確認し，それらを引用しながら結果の文章を書くとよい。

　例えば，岩崎さんは「カミングアウトに対する反応」について，上位語に抽出された「男」という語について KWIC コンコーダンスでオリジナルのテキストに当たり，次のように結果をまとめている。

　　「男」という語は登場人物の恋愛対象が男性であるとわかった時に発する，驚いたリアクションの中で使われることが多いことがわかった。また，この驚いたリアクションとしては，やや否定的なものが多いこともわかった。＜中略＞「だってあなたどこから見ても男じゃない？言葉だって……」（『隣の家族は青く見える』中盤：広瀬）や「えっ……男？」（『おっさんずラブ』中盤：黒澤），「認められるわけないだろう！何だこのふにゃ～とした男は！っていうかなんで男なんだ！」（『おっさんずラブ』終盤：春田・牧）といったセリフが見られた（岩崎, 2021, p. 40）。

7.4　考察を加えながら書く

　KH Coder によるものだけではなくコーディング・シートによる内容分析についてもいえることであるが，データから明らかにされたことだけ，もしくはデータから明らかにされたことに具体例を付加しても，内容分析の結果は無味乾燥なものとなることがしばしばある。前項の「男」という語に関する結果の文章を読みどのようなことを感じるだろうか。LGBTs に関する語りの中で使用されるドラマの中の「男」という語は，驚いたリアクションの中で使用され，それらは否定的な意味を帯びているということについて，論文中に掲載されたオリジナルテキストを読み「なるほど」「確かに」と思うだろう。しかし，それ以上のものではない。

　では，次のような結果の文章であればどうであろうか。これも岩崎さんが「カミングアウトに対する反応」の結果の一部として「思う」という頻出語について記述したものである。

> 　「思う」という語においても，他者へ自身の恋愛対象が同性であるということをカミングアウトした時の反応に使われることがほとんどであったが，その反応は肯定的であるものが多いこともわかった。具体的には，「なんか斬新ですごくいいと思います」（『おっさんずラブ』終盤：春田），「私も素敵だと思います」（『おっさんずラブ』終盤：牧）などが見られた。そして実際の社会では，男性より女性の方が同性愛者を社会的に容認していることや，男女共に社会がそれぞれの性に期待する性役割同一性をもつ者ほど同性愛に対して否定的であることがわかっている（和田, 1996）。また，山下・源氏田（1996）はメディア接触量と同性愛者に対する態度については関連があると述べている。このように，LGBTs に対する態度は様々な要因によって変化するため，人々が LGBTs に対してとる態度には様々なものがあるということをテレビドラマの中でも表現していることがわかった（岩崎, 2021, p.40）。

　岩崎さんは，テレビの登場人物によって語られる同性愛についての思いをテ

レビ視聴者の同性愛者に対する態度との関連で解釈したのである。メディアの内容が社会の変化や人々の意識と関連していることに言及する示唆に富むものであると評価できる。また，このように結果が提示されることで，読者に研究の意義を感じさせることもできるだろう。

　結果にこのような解釈を書いてしまうと，「考察」に書くことがなくなると心配になるかもしれない。確かにあまりにも多くのそして詳細な解釈を結果に書いてしまうとその心配は現実のものとなるだろう。しかし，上記の例の程度であれば大丈夫である。考察では上記の議論を発展させることができる。むしろこうした結果で書いた解釈を考察につなげればよいのである。

　結果は1つひとつの結果がバラバラに提示され，その解釈もそれらの各結果に付随したものとなっている。考察ではそれらを統合して，この研究から言えることとその解釈，とりわけメディアの内容の研究であれば，社会の制度や仕組み，人々の意識との関係を論じればよいのである。時代変化も研究目的の1つとしていたのであれば，なおさら社会の変化との関連をじっくり議論すればよい。

7.5　KH Coder を使用するにあたって

　以上が，KH Coder による内容分析の結果の執筆に関して筆者が思うコツである。参考になれば幸いである。なお，KH Coder を作成しフリーソフトとして提供している樋口氏は著書の『社会調査のための計量テキスト分析（第2版）』の中で「学術利用における願い」（pp.223-224）として，KH Coder を使用して論文を執筆する人に向けて3つのことを読者に依頼している。1点目は，KH Coder で分析し論文を執筆する際は，その旨を論文に記載してほしいということである。2点目は，KH Coder の Web ページの入力フォーム[22]から研究の書誌情報を知らせてほしいということである。3点目は論文の文献リストにKH Coder を挙げる際に著者が指定する書誌情報（樋口, 2004; Higuchi, 2016, 2017）を挙げてほしいということである。是非，著書の中に挙げられている論

22　https://khcoder.net/bib.html?year=2020&auth=all&key=

文に目を通したうえで KH Coder による内容分析に挑戦してほしい。

引用文献

秋庭 裕・川端 亮（2004）．霊能のリアリティへ——社会学，真如苑に入る　新曜社

Arima, A. N.（2003）．Gender stereotypes in Japanese television advertisements. *Sex Roles, 49*, 81–90.

有馬 明恵（2004a）．外国人出演者の言動にみる日本人ステレオタイプ　萩原 滋・国広 陽子（編著）　テレビと外国イメージ（pp. 65–81）　勁草書房

有馬 明恵（2004b）．日本のテレビ・コマーシャルにみる異文化受容——ヘアケア関連 CM の分析を中心に——　メディア・コミュニケーション, *54*, 43–57.

有馬 明恵（2007）．内容分析の方法　ナカニシヤ出版

Arima, A.（2011）．Female announcers in Japanese television：Are they experts or eye-catchers? Proceeding of the IAMCR（International Association for Media and Communication Research）Conference, held 13–17 July 2011 in Istanbul, Turkey.

有馬 明恵・竹下 美穂・下島 裕美（2018）．母親役割を強化する装置としての公立学校の PTA 活動　Women's Studies 研究報告, *39*, 1–59.

有馬 明恵・山本 明（2003）．『ここがヘンだよ日本人』で描かれた日本人ステレオタイプの分析　メディア・コミュニケーション, *53*, 49–64.

Berelson, B.（1952）．*Content analysis in communication research*. New York: Free Press.

ベレルソン, B. 稲葉 三千男・金 圭煥（訳）（1957）．内容分析　みすず書房（Berelson, B.（1954）．*Content analysis*. Cambridge, MA: Adison-Wesley.）

Entman, R. M.（1993）．Framing: Toward clarification of a fractural paradigm. *Journal of Communication, 43*（4）, 51–58.

藤田 真文（1992）．内容分析研究における「量化」の展開と批判　慶應義塾大学新聞研究所年報, *38*, 53–72.

藤田 真文（編著）（2016）．メディアの卒論——テーマ・方法・実際（第 2 版）ミネルヴァ書房

藤田 真文・岡井 崇之（編）（2009）．プロセスが見えるメディア分析入門——コンテンツから日常を問い直す　世界思想社

Furnham, A., & Imadzu, E.（2002）. Gender portrayal in British and Japanese TV advertisements. *Communications*, *27*, 319–348.

George, A. L.（1959）. *Propaganda analysis: A study of inferences made from Nazi Propaganda in World War II*. Evanston, IL: Row, Peterson.

Gerbner, G., Gross, L., Morgan, M., & Signorielli, N.（1986）. Living with television: The dynamics of the cultivation process. In J. Bryant & D. Zillman（Eds.）, *Perspectives on media effects*（pp. 17–48）. Hillsdale, NJ: Lawrence Erlbaum Associates.

萩原 滋（2003）.『ここがヘンだよ日本人』:分析枠組と番組の特質　メディア・コミュニケーション, *53*, 5–27.

萩原 滋（2004）. 番組の特質と分析枠組み　萩原 滋・国広 陽子（編）　テレビと外国イメージ：メディア・ステレオタイピング研究（pp. 3–24）　勁草書房

橋元 良明（1998）. メッセージ分析　高橋 順一・渡辺 文夫・大渕 憲一（編）　人間科学研究法ハンドブック（pp.75–86）　ナカニシヤ出版

樋口 耕一（2004）. テキスト型データの計量的分析——2つのアプローチの峻別と統合　理論と方法, *19*(1), 101–115.

Higuchi, K.（2016）. A two-step approach to quantitative content analysis: KH Coder tutorial using *Anne of Green Gables*（Part I）. *Ritsumeikan Social Sciences Review*, *52*(3), 77–91.

Higuchi, K.（2017）. A two-step approach to quantitative content analysis: KH Coder tutorial using *Anne of Green Gables*（Part II）. *Ritsumeikan Social Sciences Review*, *53*(1), 137–147.

樋口 耕一（2020）. 社会調査のための計量テキスト分析：内容分析の継承と発展を目指して（第2版）　ナカニシヤ出版

日吉 昭彦（2004）. 内容分析研究の展開　マスコミュニケーション研究, *51*, 183–195.

Holsti, O. R.（1969）. *Content analysis for the social science and humanities*. Reading, MA: Addison-Wesley.

岩崎 ゆり（2021）. テレビドラマにおける多様な性の時代変化　東京女子大学人間科学科コミュニケーション専攻2020年度卒業論文

Iyengar, S.（1991）. *Is anyone responsible?: How television frames political issues*. Chicago, IL: University of Chicago Press.

Kerlinger, F. N.（1973）. *Foundations of behavioral research*（2nd ed.）. New York: Holt, Rinehart, and Winston.

KH Coder（https://khcoder.net/）（2020年12月29日アクセス）

小嶋 志穂・齋藤 萌絵子（2016）. スポーツ報道におけるメディアフレーム——2014 FIFAワールドカップ報道に関して　東京女子大学人間科学科コミュニケーション専攻2015年度卒業論文

近田 遥・巻田 りく（2018）. 魔法少女アニメにおけるジェンダー描写　東京女子大

学人間科学科コミュニケーション専攻 2017 年度卒業論文

小城 英子（1999a）．神戸小学生殺害事件報道における識者コメントの内容分析：量的分析による識者の役割の検討　社会心理学研究, *15*, 22–33.

小城 英子（1999b）．神戸小学生殺害事件における識者コメントの内容分析：容疑者逮捕前の犯人像に関するコメントの質的分析　マス・コミュニケーション研究, *54*, 127–140.

小城 英子（2003）．神戸小学生殺害事件の新聞報道における目撃証言の分析　社会心理学研究, *18*, 89–105.

クリッペンドルフ, K. 三上 俊治・椎野 信雄・橋元 良明（訳）（1989）．メッセージ分析の技法——「内容分析」への招待——　勁草書房（Krippendorff, K.（1980）． *Content analysis: An introduction to its methodology*. London, UK: Sage.）

Krippendorff, K.（2004）．*Content analysis: An introduction to its methodology*. Thousand Oaks, CA: Sage.

国広 陽子（2001）．主婦とジェンダー：現代的主婦像の解明と展望　尚学社

Lasswell, H. D., Leites, N., Fadner, R., Goldsen, J. M., Grey, A., Janis, I. L., Kaplan, A., Mintz, A., Pool, I. de S., Yakobson, S., & Kaplan, D.（Eds.）．（1949）．*Language of politics: Studies in quantitative semantics*. New York: G. W. Stewart.（三上, 1988; 藤田, 1992 に引用）．

McCombs, M. E., & Shaw, D. L.（1972）．The agenda-setting function of mass media. *Public Opinion Quarterly*, *36*, 176–187.

三上 俊治（1988）．放送メディアの内容分析——その方法論的考察——　放送学研究, *38*, 101–118.

浪田 陽子・福間 良明（2021）．はじめてのメディア研究（第 2 版）——「基礎知識」から「テーマの見つけ方」まで　世界思想社

延島 明恵（1998）．日本のテレビ広告におけるジェンダー描写　広告科学, *36*, 1–14.

Riffe, D., Lacy, S., & Fico, F.（2014）．*Analyzing media messages: Using quantitative content analysis in research*. Routledge Communication Series. New York: Routledge.（リフ, D.・レイシー, S.・フィコ, F. 日野 愛郎（監訳）千葉 涼・永井 健太郎（訳）（2018）．内容分析の進め方——メディア・メッセージを読み解く　勁草書房）

志岐 裕子（2015）．テレビ番組を話題とした Twitter 上のコミュニケーションに関する検討　メディア・コミュニケーション, *65*, 135–148.

志岐 裕子・有馬 明恵・藤井 達也・山下 玲子（2020）．メディア利用と日本人意識（3）：日本ネタ番組視聴と日本人意識・コスモポリタニズム意識との関係　日本社会心理学会第 61 回大会発表論文集（http://iap-jp.org/jssp/conf_archive/detail.php?s=2020-A-0154）．

Stempel, G. H., Ⅲ.（2003）．Content analysis. In G. H. Stempel Ⅲ, D. H. Weaver, & G. C. Wilhoit（Eds.）, *Mass communication researhc and theory*（pp. 209–219）. Boston, MA: Allyn & Bacon.

鈴木　裕久（1990）．マス・コミュニケーションの調査研究法　創風社

Tajfel, H.（1978）．Social categorization, social identity and social comparison. In H. Tajfel（Ed.）, *Differentiation between social groups: Studies in the social psychology of intergroup relations*（pp. 61–76）. London, UK: Academic Press.

上田　真理子・七尾　好美（2018）．政治報道の何が娯楽化しているのか　東京女子大学人間科学科コミュニケーション専攻 2017 年度卒業論文

和田　実（1996）．青年の同性愛に対する態度：性および性役割同一性による差異　社会心理学研究, *12*, 9–19.

Weber, R. P.（1990）．*Basic content analysis*（2nd ed.）. Newbury Park, CA: Sage.

山下　玲子・源氏田　憲一（1996）．同性愛者に対する態度についての一研究：男女差, メディア接触量を中心として　一橋研究, *21*（2）, 163–177.

付録 1

理論・モデル紹介

　研究にはオリジナリティが求められる。その一方で，それぞれ自分が専門とする学問分野の理論やモデル，概念に依拠して行うことで，学問的な位置づけを明確にすることができるし，学問的な貢献が期待できる。ここでは代表的なメディア・コミュニケーションの理論を紹介する。研究の参考にできそうなものがあれば，まずは事典でより詳細に理論・モデルについて調べ，さらに推奨文献として掲載されているものを読み見識を深め，研究に活かしてほしい。

強力効果論（powerful media）──────────────
別名，弾丸理論（the magic bullet theory），**皮下注射モデル**（the hypodermic needle model）とも呼ばれる。
提 唱 年：1920-1940 年代
提 唱 者：不明。竹下（1998）によれば，ラザースフェルド以降の研究者たちが，自分たちのモデルを引き立てるために後年，提出したものではないかともいわれている。
提唱内容：“マス・メディアは万能である”という考え方である。この理論では，マス・メディアがオーディエンスの一人ひとりに直接影響を及ぼし，しかも誰に対しても同じような反応を引き起こす力があると仮定されていた。
　　　　　1938 年 10 月に放送されたラジオドラマ『火星からの侵入』により，人々がパニックに陥った事件（Cantril et al., 1940），1943 年 9 月に戦時公債の売り上げに多大な貢献をした俳優ケイト・スミスによるラジオのマラソン放送（Merton, 1960）などは，マス・コミュニケーションの絶大な力を研究者のみならず一般の人々に見せつける出来事であった。
実証方法：質問紙調査ならびにインタビュー調査。
評 価 点：学問として誕生間もないマス・コミュニケーション研究，とりわけオーディエンスの受容過程の研究を触発したと思われる。
推奨文献：キャントリル, H. 他　斎藤 耕二・菊池 章夫（訳）（1971）．火星からの侵入：

パニック状況における人間心理　川島書店／キャントリル，H. 他　高橋 祥友（訳）（1917）. 火星からの侵略——パニックの心理学的研究　金剛出版（Cantril, H., Gaudet, H., & Herzog, H.（1940）. *Invasion from Mars.* Princeton, NJ: Princeton University Press.）

　　Merton, R. K.（1960）. *Mass persuasion: The psychology of a War Bond Drive.* New York: Harper & Brothers.

限定効果論（the limited effects theory）

提 唱 年：1960 年

提 唱 者：クラッパー（J. Klapper）

提唱内容：1940 年代から 1950 年代にかけて行われた効果研究は，受け手の態度や行動に及ぼすマス・メディアの影響力が絶対的なものではないことを繰り返し実証してきた。それらの知見を集大成し，クラッパーが行ったマス・コミュニケーションの効果に関する一般化の主要なものは次の2点である。すなわち，①マス・コミュニケーションは，他の媒介的諸要因との関係の中でオーディエンスに影響を及ぼす，②このような媒介的諸要因のために，マス・コミュニケーションはオーディエンスの既存の態度を変化させるよりも強化する方向で作用する。

　　また，クラッパーは著書の中で，オーディエンスは自分の既存態度を支持するようなメディアの情報に選択的に接触することや所属集団の影響を受けることも主張している。

評 価 点："無力で無防備なオーディエンス"と"圧倒的な力を持つマス・メディア"という構図を覆した。限定効果論が登場したことで，マス・コミュニケーションの効果研究が一時停滞したといわれているが，視点を変えた研究，すなわちそれまで認識されていなかったマス・メディアの機能に研究者たちを気づかせるきっかけを提供したとも考えられる。

推奨文献：クラッパー, J. NHK 放送学研究室（訳）（1966）. マス・コミュニケーションの効果　日本放送出版協会（Klapper, J.（1960）. *The effect of mass communication.* Glencoe, IL: Free Press.）

「コミュニケーションの二段の流れ」仮説（the hypothesis of the two-step flow of communication）

提 唱 年：1955 年

提 唱 者：カッツとラザースフェルド（E. Katz and P. F. Lazarsfeld）

提唱内容：個人の意思決定は，マス・メディアよりもオピニオン・リーダー（家族や友人・知人といったごく身近にいる助言者）の影響を受ける。1940 年のアメリカ大統領選挙時にオハイオ州エリー郡で行われた調査から，マス・メディアによる選挙キャンペーンが人々の投票意図を変えることは非常に稀であり，むしろ既存の政党支持傾向や投票意図を強固なものにすることが明らかにされた

（Lazarsfeld et al., 1944）。

実証方法：オーディエンスの意思決定（投票意図など）に関する質問紙調査やインタビュー調査。

評 価 点：Lazarsfeld et al.（1944/ 邦訳, 1987）の研究以降，マス・メディアの影響を媒介するパーソナルな影響力への注目が高まり，マス・メディアの影響力に対する捉え方は限定効果論へと変わっていった。

　　　　　また，パーソナルな影響力やコミュニケーションの二段の流れ仮説の考え方は，ロジャース（Rogers, E. M., 1963）の「普及学」（the diffusion of innovations）に影響を与えた。

推奨文献：Katz, E.（1957）. The two-step flow of communication: An up-to-date report on an hypothesis. *Public Opinion Quarterly, 21*, 61–78.

　　　　　Katz, E., & Lazarsfeld, P. F.（1955）. *Personal influence: The part played by people in the flow of mass communication*. Glencoe, IL: The Free Press.

　　　　　ラザースフェルド, P. E.・ベレルソン, B.・ガウデット, H. 有吉 広吉（監訳）（1987）. ピープルズ・チョイス——アメリカ人と大統領選挙　芦書房（Lazarsfeld, P. F., Berelson, B., & Gaudet, H.（1944）. *The people's choice: How the voter makes up his mind in a Presidential Election*. New York: Duell, Solan and Pearce.）

（イノベーション）普及学（the diffusion of innovations）

提 唱 年：1962 年

提 唱 者：ロジャース（E. M. Rogers）

提唱内容：新しい技術やアイデアが社会に普及するかしないかを説明するもの。新しい革新的な技術やアイデアが社会全体に普及するには普及曲線を描く。なぜなら，人によって新しいものを取り入れるまでにかかる時間は異なるからで，新しいものを積極的に取り入れる革新者（2.5％），初期採用者（13.5％），前期追随者（34％），後期追随者（34％），遅滞者（16％）の順に普及していくからである。初期採用者はオピニオン・リーダー的な役割を果たすため，普及において重要な人たちである。

実証方法：フィールド調査，質問紙調査。

評 価 点：そもそもこの普及学の研究は，トウモロコシの新種採用，公衆衛生に関わる事項などの人類の生活の質向上と関連の深い分野での技術やアイデアの普及に着目した研究であったかことが尊敬に値する。遅滞者にまで新しいことを取り入れさせるには文化や価値観の変容を伴うことを明らかにしている点も評価できる。

　　　　　今日ではマーケティング分野で戦略を立てる際に利用されており，幅広い分野に応用できる理論であると思われる。

推奨文献：青池 慎一（2007）. イノベーション普及過程論　慶應義塾大学出版会

　　　　　宇野 善康（1990）.《普及学》講義——イノベーション時代の最新科学　有斐

閣

ロジャース, E. M. 青池 愼一・宇野 善康（監訳）（1990）．イノベーション普及学　産能大学出版部（Rogers, E. M.（1983）. *Diffusion of innovations*（3rd ed.）. New York: Free Press.）

低関与学習（learning without involvement）

提 唱 年：1965 年

提 唱 者：クラグマン（H. E. Krugman）

提唱内容：広告の学習は重要でないことを学習することに似ている。オーディエンスは何度も繰り返し同じ広告に接触する。オーディエンスはそのような広告に対してあまり注意を払っていないが，広告で繰り返し提示される情報は次第にオーディエンスの長期記憶へ貯蔵され，広告商品に関する知覚構造を変化させる。そしてついには，関連した行動場面において，そのような知覚が活性され購買行動に結びつく。なお，このような低関与学習は安価な商品の場合に起こる。

実証方法：実験法。

評 価 点：説得的コミュニケーションの効果をオーディエンスの構え（この場合は関与度）を考慮に入れて検討し，テレビ CM のコミュニケーション効果を説明した。

推奨文献：Krugman, H. E.（1965）. The impact of television advertising: Learning without involvement. *Public Opinion Quarterly, 29*, 349–356.

単純接触効果（mere exposure effect）

提 唱 年：1968 年

提 唱 者：ザイアンス（R. B. Zajonc）

提唱内容：接触回数が増えるにつれ，その対象への好意は増大する。

実証方法：主に実験室実験。

評 価 点：人がいかなる認知的活動を行ったかではなく，単に対象との接触回数が増えることで好意が増すことが発見されたことで，広告などの露出回数の多さと人の態度との関係を説明することが可能になった。

推奨文献：Zajonc, R. B.（1968）. Attitudinal effects of mere exposure. *Journal of Personality and Social Psychology Monograph Supplement, 9*（2, Part 2）, 1–27.

利用と満足研究（uses and gratifications research）

提 唱 年：1940 年代

提 唱 者：ラザースフェルド（P. F. Lazarsfeld）らが中心的な存在

提唱内容：人のマス・メディア利用には個々人の欲求があり，人はそれらを充足するための手段としてマス・メディアを利用する。

実証方法：質問紙調査やインタビュー調査によるオーディエンス調査。内容分析と併せ

て行うことが望ましい。

評 価 点：マス・メディアが人々にどのような効果をもたらしたかという視点ではなく，人はマス・メディアによって何をしたかという視点に立ち，能動的で自律したオーディエンスを前提にしており，人のメディア利用における欲求や動機づけなどの心理的要因を考慮している点が評価に値しよう。近年ではニューメディアの研究にも利用と満足研究の視点が活かされている。

推奨文献：Berelson, B.（1949）. What "missing the newspaper" means. In P. F. Lazarsfeld & F. Stanton （Eds.）, *Radio Research 1948-9*. New York: Harper and Row.

Blumeler, J. G., & Katz, E. （Eds.）. （1974）. *The uses of mass communications*. Beverly Hills, CA: Sage.

Lazarsfeld, P. F., & Stanton, F. （Eds.）. （1949）. *Radio research 1948-9*. New York: Harper and Row.

Livingstone, S. M. （1988）. Why people watch soap opera: An analysis of the explanations of British viewers. *European Journal of Communication, 3*, 55–80.

Livingstone, S. M. （1990）. *Making sense of television*. Oxford, UK: Pergamon Press.

マクウェール, D. 時野谷浩 （訳）（1982）. マス・メディアの受け手分析　誠信書房（McQuail, D. （1972）. *Sociology of mass communication*. Middlesex, UK: Penguin Education.）

大坪　寛子（2015）. コミュニケーション欲求充足手段としてのテレビとその代替的メディア利用：「利用と満足」研究を理論的背景とした世代別検討　慶應義塾大学大学院社会学研究科紀要　社会学・心理学・教育学：人間と社会の探究, *80*, 29–53.

竹内　郁郎（1976）.「利用と満足の研究」の現状　現代社会学 5 （pp.86–114）講談社

培養仮説 （cultivation hypothesis）

提 唱 年：1970 年代

提 唱 者：ガーブナー（G. Gerbner）ら

提唱内容：1960 年代半ばから始まった「文化指標（Cultural Indicators）プロジェクト」の一環として提起されたもの。このプロジェクトは，「制度過程分析（institutional process analysis）」「メッセージシステム分析（message system analysis）」「培養分析（cultivation analysis）」の 3 つの部分からなる。それぞれ送り手研究，マス・メディアの内容分析，オーディエンス分析に相当する。

　培養分析は，テレビの描写がオーディエンスにどのような影響を与えるかを明らかにすることを目的としているが，ガーブナーらはテレビにおける暴力描写の内容分析と意識調査の結果から，テレビを長時間視聴する人ほどテレビの世界に似た現実認識をすることを明らかにした。

　　1980年代になると，テレビがオーディエンスの認識や意見を特定の方向に収斂させる「主流形成（mainstreaming）」が起こるという仮説が提出された。つまり，テレビの長時間視聴によりオーディエンスの個人差は小さくなり，誰もが画一化された見方をするようになるというのである。

　　また，ガーブナーらは「共鳴現象（resonance）」という概念も提出し，オーディエンスの現実生活での体験がテレビで描かれた現実と相乗効果をもたらす場合に起きると主張した。犯罪の多い都市部で生活している者は，テレビで暴力的な描写をより多く見聞きすることで，犯罪に巻き込まれる確率をより多く見積もるようになることが明らかにされたが，それは共鳴現象の一例といえる。

実証方法：「制度過程分析」はあまりなされてこなかった。主にテレビで描かれる内容の分析とオーディエンスの意識調査の組み合わせで研究される。

評　価　点：マス・メディアの中でもテレビ，とりわけドラマのようなフィクション番組がオーディエンスにもたらす長期的・累積的な効果を実証的に明らかにしようと試みた。また，「制度分析」はあまりなされなかったが，オーディエンスに対するテレビの内容の影響を明らかにするために，送り手，内容，オーディエンスの3つの要素の関連を検討しようとしている点が評価できるが，批判も多い。

推奨文献：Gerbner, G., & Gross, L.（1976）. Living with television: The violence profile. *Journal of Communication, 26*(2), 173-199.

　　　　　Gerbner, G., Gross, L., Morgan, M., & Signorielli, N.（1980）. The 'mainstreaming' of America: Violence profile no 11. *Journal of Communication, 30*(3), 10-29.

　　　　　Gerbner, G., Gross, L., Morgan, M., & Signorielli, N.（1986）. Living with television: The dynamics of the cultivation process. In J. Bryant & D. Zillman（Eds.）, *Perspectives on media effects*(pp.17-48). Hillsdale, NJ: Lawrence Erlbaum Associates.

　　　　　Gerbner, G., Gross, L., Morgan, M., Signorielli, N., & Shanahan, J.（2002）. Growing up with television: Cultivation perspective. In J. Bryant & D. Zillman（Eds.）, *Media effects: Advances in theory and research*(2nd ed., pp. 43-67). Mahwah, NJ: Lawrence Erlbaum Associates.

　　　　　岩男 寿美子（2000）. テレビドラマのメッセージ——社会心理学的分析　勁草書房

　　　　　三上 俊治（1987）. 現実構成過程におけるマス・メディアの影響力——疑似環境論から培養分析へ　東洋大学社会学部紀要, *24*(2), 237-279.

　　　　　三上 俊治（1988）. 放送メディアの内容分析——その方法論的考察——　放送学研究, *38*, 101-118.

　　　　　水野 博介（1991）. 文化指標研究と涵養効果分析——そのアイデア・発展・現状と評価——　マス・コミュニケーション研究, *40*, 70-83.

　　　　　大坪 寛子（2003）. 培養理論に関する一考察（特集：コミュニケーション過程

の諸相）　哲学, *110*, 121–150.

斉藤 慎一（1992）. 培養理論再考　新聞学評論, *42*, 70–83.

議題設定機能（the agenda-setting function of mass media）

提 唱 年：1972 年

提 唱 者：マコームズとショー（M. McCombs and D. Shaw）

提唱内容：メディアは日々の報道において，少数のイシューやトピックを選択し，それ
　　　　　らを格づけしながら提示することで，人々の注目の焦点を左右し，その時点
　　　　　で何が重要な問題かという人々の判断に影響を与えている。

実証方法：メディア報道の量的分析と世論調査との関連から検討。

評 価 点：1960 年に出版されたクラッパーの『マス・コミュニケーションの効果』以降，
　　　　　マス・コミュニケーション研究者の間では「限定効果論」の考え方が主流と
　　　　　なり，効果研究は廃れていた。「議題設定機能」は，オーディエンスの態度レ
　　　　　ベルではなく認知レベル（メディアからの知識の学習）に焦点を当て，マス・
　　　　　メディアの効果を再評価することに成功した。

推奨文献：McCombs M. E., & Shaw, D. L.（1972）. The agenda-setting function of mass
　　　　　　　media. *Public Opinion Quarterly, 36*, 176–187.

　　　　　小川 恒夫（1998）. 受容効果研究の展開と今後の課題　マス・コミュニケー
　　　　　　　ション研究 , *53*, 18–33.

　　　　　竹下 俊郎（1998）. メディアの議題設定機能──マスコミ効果研究における
　　　　　　　理論と実証　学文社

　　　　　竹下 俊郎（2008）. アジェンダセッティング：マスメディアの議題設定力と
　　　　　　　世論　学文社

知識ギャップ仮説（knowledge gap hypothesis）

提 唱 年：1970 年

提 唱 者：ティチナーら（P. G. Tichenor, G. A. Donohue and C. N. Oilen）

提唱内容：社会経済的地位の高い人はそれが低い人に比べ，マス・メディアからより早
　　　　　く必要な情報を得ることができる。そのためマス・メディアがより多くの情
　　　　　報を発信すればするほど，2 つの層の間の知識ギャップは拡大する。

　　　　　　後に，既有知識の有無と情報獲得への動機づけの有無が，マス・メディア
　　　　　の情報を新たに獲得できるか否かを規定することが指摘された。

実証方法：オーディエンスを対象にした質問紙調査。

評 価 点：オーディエンスに平等に情報を与えることができるマス・メディアは，知識
　　　　　という側面における万人の平等を促すと信じられていた。しかし，それは真
　　　　　実ではなく，むしろその社会に既に存在する不平等を拡大することを示した
　　　　　点が評価できる。平等な社会を実現するには，マス・メディアだけではなく，
　　　　　様々な制度的な問題，人々の習慣などの問題を解決しなければならないこと
　　　　　を示唆している。

推奨文献：Tichenor, P. G., Donohue, G. A., & Oilen, C. N.（1970）. Mass media and differential growth in knowledge. *Public Opinion Quarterly, 34*, 158–170.

Donohue, G. A., & Tichenor, P. G.（1975）. Mass media and the knowledge gap: A hypothesis reconsidered. *Communication Research, 2*, 3–23.

小川 恒夫（1998）. 受容効果研究の展開と今後の課題　マス・コミュニケーショ ン研究, *53*, 18–33.

沈黙の螺旋モデル（the spiral of silence）

提 唱 年：1973 年

提 唱 者：ノエル = ノイマン（E. Noelle-Neumann）

提唱内容：マス・メディアはその社会における意見分布とその動向をオーディエンスに 知らしめる役割を果たす。つまり，オーディエンスは自分の意見がその社会 において支持されているか否かをマス・メディアにおける報道を通して判断 するのである。支持されている，すなわち「多数意見」であることを確認す ると，人は自分の意見を多くの場面で表明するようになる。しかし，自分の 意見が「少数意見」であると認知すると，人は社会的孤立を恐れ沈黙するよ うになる。その結果，「多数意見」の分布はより大きく，「少数意見」の分布 はより小さく見えるようになり，表明と沈黙の相乗・累積的拡大をより一層 促進する。

　投票行動における「雪だるま効果（band-wagon effect）」はこの過程の一部 といえる。

実証方法：マス・メディアの報道内容の分析と報道の経過に伴うオーディエンスの態度 （意見）との関連の調査。列車テストと呼ばれる調査。

評 価 点：マス・コミュニケーションの「限定効果論」の登場により停滞していた効果 研究に新たな視点を与え，研究を活性化した。また，マス・メディアこそが 世論を創り出しているという認識を明確に打ち出しており，送り手研究，マス・ メディアという組織や制度の研究を促進したと考えられる。

推奨文献：Noelle-Neumann, E.（1973）. Return to the concept of powerful mass media. *Studies of Broadcasting, 9*, 67–112.

Noelle-Neumann, E.（1974）. The spiral of silence: A theory of public opinion. *Journal of Communication, 24*(2), 43–63.

Noelle-Neumann, E.（1977）. Turbulences in the climate of opinion: Methodological applications of the spiral of silence theory. *Public Opinion Quarterly, 41*, 143–158.

ノエル = ノイマン , E.　池田 謙一・安野 智子（訳）（2013）. 沈黙の螺旋理 論 [改訂復刻版]――世論形成過程の社会心理学　北大路書房（Noelle-Neumann, E.（1993）. *The spiral of silence: Public opinion—Our social skin* (2nd ed.). Chicago, IL: University of Chicago Press.）

安野 智子（2002）. 沈黙の螺旋理論の展開　マス・コミュニケーション研究,

60, 44–61.

第三者効果（the third person effect）

提 唱 年：1983 年

提 唱 者：デイビソン（W. P. Davison）

提唱内容：人は自分に対するマス・メディアの影響は小さく，自分と同類の人を除く他
　　　　　者（＝第三者）に対する影響を大きく見積もる傾向にある。しかし，マス・
　　　　　メディアの影響を受けたであろう第三者の変化に対処するために，自分も行
　　　　　動する。結果として思い込みにより自分もマス・メディアの影響を受けてし
　　　　　まうのである。

実証方法：オーディエンスの認知レベルと行動レベルに焦点を当てた質問紙調査やイン
　　　　　タビュー調査。

評 価 点：沈黙の螺旋が生じる過程についてオーディエンスの認知・行動レベルでの生
　　　　　起事象に基づき説明している点が興味深い。ただし，争点に対する自我関与
　　　　　の程度がより強く意見表明を規定しているといった反証もある。

推奨文献：Davison, W. P.（1983）. The third-person effect in communication. *Public
　　　　　Opinion Quarterly, 47*, 1–15.
　　　　　山本 明（2008）. メディアの第三者効果　*Arena, 5*, 35–39.

フレーミング効果（flaming effect）

提 唱 年：1990 年

提 唱 者：アイエンガー（S. Iyengar），他にもエントマン（R. M. Entman）なども有名。

提唱内容：新聞やテレビで報道されるニュースは，送り手（記者，編集者，ディレクター
　　　　　など）が採用するフレーム（テーマ型フレーム，エピソード型フレーム）に
　　　　　よって切り取られたものである。そのような報道の枠組みの提示の仕方によっ
　　　　　てオーディエンスに異なるインパクトが生じる。テーマ型フレームは統計デー
　　　　　タや政府の政策などの抽象的な内容を報道するもので，エピソード型フレー
　　　　　ムは具体的な事例を描くものである。エピソード型フレームのニュース報道
　　　　　に接するとオーディエンスは貧困などの原因を国の政策や制度ではなく，個
　　　　　人に帰属させることが多い。

実証方法：実験，調査など。内容分析と組み合わせることもある。

評 価 点：フレーム概念が導入されたことで，メディアの生産過程（送り手）と受容過
　　　　　程（オーディエンス）に関する詳細な比較が可能になった。議題設定機能の
　　　　　研究では，オーディエンスが「何について考えるか」に焦点が当てられてい
　　　　　たが，フレーミング研究では「どのように考えるか」を研究するようになっ
　　　　　た。

推奨文献：Cacciatore, M. A., Scheufele, D. A., & Iyengar, S.（2015）. The end of framing as
　　　　　we know it and the future of media effects. *Mass Communication & Society,
　　　　　19*, 7–23.

カペラ, J. N.・ジェイミソン, K. H. 平林 紀子・山田 一成（監訳）（2005）．政治報道とシニシズム：戦略型フレーミングの影響過程　ミネルヴァ書房（Cappella, J. N., & Jamieson, K. H.（1997）. *Spiral of cynicism: The press and the public good.* New York: Oxford University Press.）

Entman, R. M.（1993）. Framing: Toward clarification of a fractural paradigm. *Journal of Communication, 43*(4), 51-58.

萩原 滋（2007）．フレーム概念の再検討：実証的研究の立場から　三田社会学, *12*, 43-59.

稲増 一憲（2015）．政治を語るフレーム　東京大学出版会

Iyengar, S.（1990）. Framing responsibility for political issues: The case of poverty. *Political Behavior, 12*, 19-40.

Iyengar, S.（1991）. *Is anyone responsible?: How television frames political issues.* Chicago, IL: University of Chicago Press.

Jensen, K. B.（2004）. *A handbook of media and communication research.* London, UK: Routledge.

ニューマン, R. W. 他　川端 美樹・山田 一成（監訳）（2008）．ニュースはどのように理解されるか：メディアフレームと政治的意味の構築　慶應義塾大学出版会（Neuman, R. W., Just, M. R., & Crigler, A. N.（1992）. *Common knowledge.* Chicago, IL: University of Chicago Press.）

Scheufele, D. A.（1999）. Framing as a theory of media effects. *Journal of Communication, 49*(1), 103-122.

サイバーカスケード（cyber cascade）

提 唱 年：2001 年

提 唱 者：サンスティーン（C. Sunstein）

提唱内容：ネット上の情報収集においては，同じ思考や主義を持つ者同士がつながりやすく，集団極性化，すなわち集団での討議の結論が極端に先鋭化する現象をもたらしやすい。そのような現象は，階段状に水が流れ落ちる滝（カスケード）に似ており，人々がインターネット上のある 1 つの意見に収斂し大きな勢力となることをサイバーカスケードと呼ぶ。

　サイバーカスケードは，エコーチェンバーやフィルターバブルといったネット特有の情報接触に起因すると考えられる。エコーチェンバーは，ソーシャルメディアを利用する際に，自分と似た興味関心を持つ人をフォローする，つまり選択的接触が行われることで自分と似た意見に多く接触する現象を指す。フィルターバブルは，アルゴリズムがネット利用者個々人の検索履歴や閲覧履歴を分析・学習することで，その個人の嗜好に合わせた情報を優先的に提示することで生じるもので，利用者は見たくないであろう情報からネット上で隔離され自分の既存の価値観と合致する「バブル（泡）」の中に孤立する現象を指す。

実証方法：実験，Web・質問紙調査。
評　価　点：誰もがインターネットを利用できる世界では，より自由な討論，より広範な
　　　　　意見への接触が起こると思われていたが，実際にはそのようなことはなく極
　　　　　端な意見が多く流布することや社会の分断が起こることが明らかにされた。
推奨文献：パリサー, E. 井口 耕二（2016）．フィルターバブル──インターネットが隠
　　　　　していること　早川書房（Paliser, E.（2011）. *The filter bubble: What the
　　　　　internet is hiding from you*. London, UK: Penguin Press）
　　　　　サンスティーン, C. 石川 幸憲（訳）（2003）．インターネットは民主主義の
　　　　　敵か　毎日新聞社（Sunstein, C.（2001）. *Republic.com*. Princeton, NJ:
　　　　　Princeton University Press.）
　　　　　辻 大介・北村 智（2018）．インターネットでのニュース接触と排外主義的態
　　　　　度の極性化──日本とアメリカの比較分析を交えた調査データからの検
　　　　　証　情報通信学会誌, *36*(2), 99–109.

内容分析が行われた卒業論文

　本書の読者のほとんどが学部生であろう。筆者は現在の大学で研究休暇を取得した 2019 年度を除き 2007 年度～ 2020 年度まで 13 回卒業論文の指導を行ってきた。内容分析によるものが大きな割合を占めるわけではないが，内容分析による卒業論文のテーマとその知見を整理する。それを読者の方々と共有することで，内容分析の広がりや可能性を見出したいと思う。また，内容分析で卒業論文を執筆することに関しては，『メディアの卒論：テーマ・方法・実際（第 2 版）』（藤田, 2016）や『プロセスが見えるメディア分析入門——コンテンツから日常を問い直す』（藤田・岡井, 2009），『はじめてのメディア研究——「基礎知識」から「テーマの見つけ方」まで（第 2 版）』（浪田・福間, 2021）なども参考になる。また，書籍のみならず論文にも目を通し，内容分析の研究テーマを広げてほしい。

　以下，報道・情報番組，ドラマ・映画，バラエティ・お笑い，アニメ・漫画，広告，その他の順に卒論のテーマをジャンル分けした。それぞれどのような研究が多かったか，目新しい研究があったかについてごく簡単に説明する。なお，ドラマ・映画の⑨の研究はコーディング・シートによる内容分析と KH Coder による内容分析の両方を行っているが，その他の研究はすべてコーディング・シートによるものである。今後，KH Coder による分析を併用した卒業研究が増えることを期待したい。

　また，筆者の本務校ではジェンダー関連の授業が数多く開講されていることもあり，学生たちは自然とジェンダーに関心を抱く。メディアにおけるジェンダーに焦点を当てる研究，ジェンダーの視点からの研究が大きな割合を占めており，メディアにおける女性描写や男女の描写を批判的に検討している。このような傾向は大学教育の成果であると筆者は考えている。

報道・情報番組

　報道の娯楽化や地方での報道に興味を持つ学生が多い。①や③の研究ではハードニュースと呼ばれる分野におけるニュースのソフト化を明らかにしている。⑥の研究は非常に精力的なもので，秋田県と鹿児島県のローカルワイド番組が何を県民に向けてどのように伝えているのかを明らかにし，さらにオーディエンスである県民たちはローカルワイド番組をどのように評価しているかというオーディエンス研究も行った。⑦〜⑨のスポーツ報道を対象に行われた研究は，視点や切り口がそれぞれ異なっている。⑦の研究は第83回箱根駅伝予選会の中継番組，大会本番の中継番組の他，特集番組の内容分析を行い，いわゆる中継番組と特集番組の内容の関連を検討し，さらに箱根駅伝のファンへのインタビュー調査も行った。⑨はW杯の報道番組についてフレーム理論の立場から内容分析を行ったが，テレビ局により異なるメディアフレームが採用されていることを明らかにした。

①　テレビにおけるワイドショーとニュースの比較分析（2007年度）
②　地方紙における報道姿勢（2009年度）
③　政治報道の何が娯楽化しているのか（2017年度）
④　テレビニュース番組に見る出演者コメントと内容的娯楽化（2018年度）
⑤　テレビの政治報道におけるコメンテーターの役割（2018年度）
⑥　ローカルワイド番組の視聴と地域アイデンティティ（2018年度）
⑦　箱根駅伝の視聴者に関する研究（2007年度）
⑧　メディア報道にみる女性アスリート（2009年度）
⑨　スポーツ報道におけるメディアフレーム—2014FIFA W杯報道に関して（2015年度）

ドラマ・映画

　テレビドラマに登場する働く女性がどのように描かれているかについての研究が多く，①〜④がそれに当たる。いわゆる主人公であるワーキングウーマンと準主役クラスの働く女性は服装，ライフワークバランス，私生活などあらゆる側面で対比的に描かれていること，上司や部下への接し方も異なるなど多くの知見が得られている。先輩が行った研究でまだ研究していないことを新たに明らかにする，そのような研究が脈々と続いており，ありがたいことである。また，④は内容分析のみならず，女子大学生に限定されるがテレビドラマの視聴と就労意欲との関係を明らかにすることを試みた研究である。

　その他の研究としては，⑤の障害者像，⑥の不倫，⑧のいじめ，⑨のLGBTsなどマイノリティや社会問題との関連で研究が行われた。研究を通してそうした社会の問題と向き合う，メディアが媒介する意識形成・変容について考えるきっかけになっているものと思われる。

　⑦の研究は，内容分析後にオーディエンスの意識調査を行い，身近な職業とそうでない職業では培養効果の現れ方が異なることを明らかにしている。

①　テレビドラマにおける女性の描写について（2008年度）
②　テレビドラマに描かれる働く女性（2009年度）
③　テレビドラマに描かれる働く女性（2011年度）

④　テレビドラマで描かれる女性の働き方：テレビドラマにおける働く女性と女子大学
　　生の就労意識（2016 年度）
⑤　テレビドラマにおける障害者像の変遷（2008 年度）
⑥　テレビドラマが描く不倫事情（2010 年度）
⑦　テレビ・ドラマが与える職業イメージ（2010 年度）
⑧　テレビドラマが描く女のいじめ（2012 年度）
⑨　テレビドラマにおける多様な性の時代変化（2020 年度）
⑩　韓国ドラマに描かれる男らしさ（2017 年度）
⑪　日本とアメリカのホラーの比較分析（2007 年度）
⑫　「アナと雪の女王」の Twitter に見る話題の傾向（2015 年度）
⑬　映画にみる女性の自立（2020 年度）

バラエティ・お笑い
　　バラエティ番組やそこに登場する芸人に焦点を当てた研究においても，ジェンダーの
視点は健在である。特に女性差別的表現, 暴力的な表現についての批判的な検討がみらた。
⑥ではオーディエンスに対するインタビュー調査も行っているが，オーディエンスはコ
ント中の女性蔑視的・高齢者差別的な表現を不快に思うわけではないことが明らかにさ
れ，そうした研究結果をどう解釈すべきかという課題が残った。③は様々な側面からバ
ラエティ番組をクラスタ分析によってタイプ分けし，さらにそうしたタイプによってオー
ディエンスの日本に対する意識に差が生じるかを調べた研究である。

①　バラエティ番組における暴力表現の分析（2007 年度）
②　バラエティ番組における女性描写（2010 年度）
③　外国関連バラエティ番組における日本の表象（2016 年度）
④　テレビにみる女性芸人（2009 年度）
⑤　バラエティ番組における芸人の言動に関する研究（2014 年度）
⑥　コントにおける女装（2011 年度）

アニメ・漫画
　　内容分析という方法によらない研究であっても，アニメや漫画に関する研究はジェン
ダーの視点によるものが多く，批判的な検討がなされてきた。①は一見，オスかメスか
わからないポケモンの性別と外見的特徴や戦闘で使用する技とは関係があるのかを内容
分析で明らかにし，さらに小学生たちがポケモンの性別についてジェンダー・ステレオ
タイプを適用して判断していることを明らかにした研究である。
　　④は矢沢あいの作品に焦点を絞り女性の社会進出など社会の変化との関連性を検討し
た一風変わった研究であった。

①　性別判断の謎：ポケモンのアニメにみるジェンダー・ステレオタイプ（2011 年度）
②　子ども向けテレビアニメに見るジェンダー描写（2015 年度）
③　魔法少女アニメにおけるジェンダー描写（2017 年度）
④　変化する女性の生き方と少女マンガ（2011 年度）

広告

　広告を通して文化比較，時代変遷を明らかにするという研究が多かった。公共広告などジャンルを絞ることで，より明瞭な結果が得られたのではないか。

①　日本のテレビ CM における地域文化に関する研究（2007 年度）
②　公共広告の日米比較研究（2008 年度）
③　少女漫画雑誌広告にみる少子化（2008 年度）
④　公共広告の変遷と特徴（2010 年度）
⑤　雑誌記事における少女向け化粧品マーケティング戦略の変遷（2008 年度）

その他

　いずれもジェンダーの観点から，ティーン雑誌の記事やテレビ番組で活躍する女性アナウンサーについて研究したものである。

①　ティーン雑誌に見る恋愛マニュアル（2009 年度）
②　テレビ番組における女子アナの役割について（2008 年度）
③　バラエティブームに翻弄される女性アナウンサー（2010 年度）

あとがき

　筆者と内容分析の出会いは，四半世紀ほど前の大学院博士課程在学中に遡る。指導教授である故 岩男寿美子先生（当時 慶應義塾大学新聞研究所教授）が『テレビドラマのメッセージ』（勁草書房より 2000 年に出版）を執筆することになるテレビドラマの分析を夏期休業中に学部生と共に手伝ったことがきっかけであった。先生の研究室が膨大な量の VHS テープとそれを上回るコーディング・シートで埋め尽くされていく光景を今でも覚えている。それだけで意味のある研究のお手伝いをしていると気持ちが高ぶった。その一方で，とんでもなく手間のかかる研究であるという感想を抱き，自分自身が内容分析を行うことや内容分析に関する書物を執筆することなど微塵も思わなかった。

　その後，博士学位論文の研究で日本のテレビ広告におけるジェンダー描写に関する研究をテレビ広告の内容，オーディエンスが広告をどう捉えているか，広告がオーディエンスにどのような影響を及ぼしているかを検討するなかで，自分自身で内容分析の研究を行うこととなった。当時（1990 年代の後半）は，内容分析のノウハウに関する書籍は少なく，主に先行研究を参考にコーディング・シートを作成し，コーディング・マニュアルを作っては作り直したり，自ら研究対象のリストを作成してみたり……ということを重ね，研究を遂行した。そうした筆者の状況をご存じだったか否かを確かめる術が今となってはないことが非常に残念でならないが，故 三井宏隆先生（当時 慶應義塾大学文学部教授）の強い勧めで初版を執筆することとなった。それ以来，ナカニシヤ出版の宍倉由高様には，長年お世話になりっぱなしである。

　構成案も何も準備していないうちに，執筆することだけが独り歩きするかのように決まってしまった。書籍を書いた経験がないため，「何をどう書けばよ

いのか」「構成はどうするのか」「誰か読んでくれるのだろうか」ということが次々頭に浮かぶばかりで，とにかく何から手をつければよいのかわからない状態であった。意を決して三井先生の研究室に相談に行くと，「内容分析のやり方を解説した本はないんだから，手続きをどうしたらよいか自分がやったことを小見出しをいっぱいつけて平易に書けばよい」というようなことを言われた。「そんなことでよいのか」「あったらいいなというものを書けばよいのか」と目から鱗が落ちた。そこからはわりと楽しく筆を進めることができたものの，所属先の変更の時期に執筆リズムが崩れ，原稿をだいぶお待ちいただくこととなった。

　改訂版の話は 5 年ほど前から宍倉様に学会でお会いするたびに勧められたが，学務に忙しくなかなか着手できない，やっと構成は考えたものの執筆に手が回らず年月が過ぎた。そうこうするうちに，他の研究者によるメディアに関する卒業論文の指南書がいくつも世に出ることとなり，ハードルは高くなるばかり。改訂版の出版まで想定以上の年月を要することとなってしまった。その間も辛抱強く，叱咤激励を続けてくださった宍倉様には感謝しかない。

　2020 年 1 月に日本で感染者の見つかったコロナウィルス。新学期の大学行事のオンライン化，オンラインでの大学の授業実施，それに関わる諸業務やその他の校務の対応に専攻主任として追われ，夏期休業中も改訂作業に携わることはできなかった。それでも宍倉様は数カ月に一度連絡をくださり，10 月下旬のメールを受け，意を決した私は京都まで電話をかけ話をさせていただき，そこで最終期限を「2020 年 12 月末」とすることが決まった。「1 日 1 ページか 2 ページ書き進める」と自分に課したノルマを達成できた日もあれば，神経痛による右手の痛み，突発的な校務により「1 文字も書けない日」もあった。それでも 12 月の下旬に巻き返すことができたのは，宍倉氏の絶妙なサポートがあったからである。また，萩原滋先生（慶應義塾大学名誉教授）が過去に主宰したいくつかの研究プロジェクトに参加し，内容分析による研究を行い，それらの成果を複数の論文にまとめていたことも大きい。内容分析のフィールドに留まる機会を与えてくれた両氏に感謝申し上げる。

　筆者が 2006 年 4 月より奉職している東京女子大学コミュニケーション専攻においては，幾多の内容分析による卒業論文研究を指導し，内容分析の実習授

業を担当する機会に恵まれた。卒業論文・修士論文指導や実習授業での経験は，今回の改訂におおいに影響している。このような機会に恵まれたこと，内容分析による研究で卒業論文・修士論文を執筆した教え子たちに感謝している。特に，本書に卒業論文の本文を引用することを快諾してくれた 2020 年度の 4 年生岩崎ゆりさん，お名前を記して御礼を申し上げる。

2021 年 1 月 　有馬　明恵

索　引

事項索引

［　］の語は索引語そのものを意味するものではなく，その語がどの文脈で述べられているかを示す。
⇒は索引語と対となって述べられる語への案内を示す。

人名・団体名索引

著者紹介

有馬明恵（ありま　あきえ）博士（社会学）
慶應義塾大学社会学研究科博士課程単位取得満期退学（1997 年）
現職：東京女子大学現代教養学部教授
主要業績：
　テレビと外国イメージ（共著　勁草書房　2004）
　内容分析の方法（単著　ナカニシヤ出版　2007）
　メディアとジェンダー（共著　勁草書房　2012）
　テレビという記憶（共著　新曜社　2013）
　ジェンダーで学ぶメディア論（共著　世界思想社　2023）

内容分析の方法［第 2 版］

2007 年 7 月 10 日	初　版第 1 刷発行	定価はカヴァーに
2017 年 2 月 1 日	初　版第 6 刷発行	表示してあります
2021 年 4 月 20 日	第 2 版第 1 刷発行	
2023 年 9 月 20 日	第 2 版第 2 刷発行	

著　者　有馬明恵
発行者　中西　良
発行所　株式会社ナカニシヤ出版
〒606-8161　京都市左京区一乗寺木ノ本町15番地
Telephone 075-723-0111
Facsimile 075-723-0095
Website http://www.nakanishiya.co.jp/
Email iihon-ippai@nakanishiya.co.jp
郵便振替　01030-0-13128

装幀＝白沢　正／印刷・製本＝ファインワークス
Copyright © 2007, 2021 by Akie ARIMA
Printed in Japan
ISBN978-4-7795-1555-2 C3036

KH Corder はテキスト型データの計量的な内容分析（計量テキスト分析）もしくはテキストマイニングのためのフリーソフトウェアです。
TermExtract, 茶筌は専門用語抽出ソフトウェアです。
Windows は米国マイクロソフト社（Microsoft Corporation）の社名です。
Mac（Macintosh；マッキントッシュ）は多国籍企業アップル社（Apple Inc.）が開発および販売を行っているパーソナルコンピュータの通称・略称です。
SPSS は IBM（アイビーエム；正式名 International Business Machines Corporation 米国のコンピュータ関連企業）社が製造・販売している統計解析ソフトウェアです。
Excel は Microsoft 社の表計算ソフトウェアです。
Dropbox は米国 Dropbox, Inc. が提供するオンラインストレージサービスです。
Twitter は米国に本社を置く Twitter, Inc. のソーシャル・ネットワーキング・サービスの名称です。
LINE は LINE 株式会社によるコミュニケーションアプリケーションです。
各々個々には商標登録がなされているものもありますが，本書では ® の記載を省いております。